Vom Glück des Spazierens

Geschichten und Gedichte

Herausgegeben und mit einem Nachwort
von Hartmut Vollmer

Reclam

2022 Philipp Reclam jun. Verlag GmbH,
Siemensstraße 32, 71254 Ditzingen
Umschlaggestaltung: zero-media.net
Umschlagabbildung: Vibrant Landscape With Sunshine –
Stocksy/ ALICIA BOCK, FinePic®
Druck und buchbinderische Verarbeitung:
CPI books GmbH, Birkstraße 10, 25917 Leck
Printed in Germany 2022
RECLAM ist eine eingetragene Marke
der Philipp Reclam jun. GmbH & Co. KG, Stuttgart
ISBN 978-3-15-011428-5
www.reclam.de

Inhalt

Über die Kunst und die Inspirationskraft
des Spazierens

Stadtspaziergänge

Joaquín Sorolla:
»Elena am Strand«, 1909

Über die Kunst und die
Inspirationskraft des Spazierens

Die Spaziergänge oder die Kunst
spazieren zu gehen

Eine Kunst spazieren zu gehn würde für alle gebildete
Menschen Interesse haben, denen es etwas wert ist, mit
Geist und Sinn in der Natur, so wie im gesellschaftlichen
Kreise zu lustwandeln, Natur und Gesellschaft auf seinen
Spaziergängen ganz zu genießen; so wie eine Kunst zu le-
ben für jeden Menschen in vollem Sinne des Worts ein Ge-
genstand der Achtung sein müsste, wenn ihm das Leben
etwas mehr ist, als ein bloßes Spiel.

In einer bewährten Kunst zu leben, der zufolge Anstrengung und Erholung, Ernst und Spiel, Arbeit und Genuss in
einer bewährten Tagesordnung miteinander abwechseln,
behauptet auch das Spaziergehn seinen Platz. Sie frönt
nicht von der Bahn der Natur abgewichnen Menschen, die
entweder bloß mit ihrem Körper, oder bloß mit ihrem
Geiste tätig sind, die bis zur Erschöpfung angestrengt ar-
beiten und dann in dumpfem Träumen ihre Erholung finden, die, um mich etwas gemein, aber der Sache gemäß
auszudrücken, entweder büffeln oder vegetieren und für
die es mithin keinen Zustand einer wahrhaft menschlichen
Existenz gibt. Für solche, die gar kein echt menschliches
Leben verleben, welches zwischen unüberspannter Geis-
testätigkeit und veredeltem Vergnügen, wobei der Geist
noch seine Rechte behauptete, geteilt wäre, die entweder
nur Körper oder Geist sind, wäre eine Kunst spazieren zu
gehn ebenso wenig, als eine Kunst zu leben, die den ganzen Menschen umfasste, eine reelle Kunst. Aber human gebildete Menschen – die, wie schon ein alter Römer in sei-

nen Büchern von den Pflichten den Charakter der Menschheit angibt, »wenn sie von den Beschäftigungen und
Sorgen für die Bedürfnisse des Lebens frei sind, noch ein
Verlangen haben, immer etwas zu sehen, zu vernehmen,
zu lernen«, die den Geist auch noch mit körperlichen Ver-
richtungen in Verbindung zu setzen wissen und eine mä-
ßig besetzte Tafel in gesellschaftlicher Unterhaltung den
ausgesuchtesten Gerichten, die sie einsam genießen müss-
ten, vorziehn – können sich von dem Bildenden des Spa-
zierengehns sehr wohl einen Begriff machen, können es
sich sehr wohl denken, wie Bildung als Grund und Folge
mit dem Spazierengehn zusammenhängt.

FRANZ HESSEL

Von der schwierigen Kunst spazieren zu gehen

Das Spazierengehn, diese recht altertümliche Form der
Fortbewegung auf zwei Beinen, sollte gerade in unserer
Zeit, in der es soviel andre weit zweckmäßigere Transport-
mittel gibt, zu einem besonders reinen zweckentbundenen
Genuss werden. Zu deinen Zielen bringen dich vielerlei
Vehikel, Fahrräder, Trambahnen, private und öffentliche,
winzige und mächtige Benzinvulkane. Um etwas für deine
Gesundheit zu tun, pflegst du, moderner Mensch in der
Stadt, wo du weder Skilaufen noch segeln und nur mit ei-
nem ziemlich komplizierten Apparate rudern kannst, das
sogenannte Footing. Das hat beileibe nichts mit Spazierengehn zu tun, das ist eine Art beschwingten Exerzierens, bei

dem man so beschäftigt ist, die Bewegungen richtig auszu-
führen und mit dem richtigen Atmen zu verbinden, dass man nicht dazu kommt, sich zu ergehen und dabei gemächlich nach rechts und links zu schauen. Das Spazierengehn aber ist weder nützlich noch hygienisch. Wenn's richtig gemacht wird, wird's nur um seiner selbst willen gemacht, es ist ein Übermut wie – nach Goethe – das Dichten. Es ist mehr als jedes andre Gehen zugleich ein Sichgehenlassen. Man fällt dabei von einem Fuß auf den andern und balanciert diesen angenehmen Vorgang. Kindertaumel ist in unserm Gehen und das selige Schweben, das wir Gleichgewicht nennen.

Ich darf in diesen ›ernsten Zeiten‹ das Spazierengehn jedermann, der einigermaßen gut auf den Beinen ist, getrost empfehlen. Es ist wohl das billigste Vergnügen, ist wirklich kein spezifisch bürgerlich-kapitalistischer Genuss. Es ist ein Schatz der Armen und heutzutage fast ihr Vorrecht. Gegen den zunächst berechtigt erscheinenden Einwand der Beschäftigten und Geschäftigen: ›Wir haben einfach keine Zeit, spazieren zu gehn‹ mache ich dem, der diese Kunst erlernen oder, wenn er sie einmal besaß, nicht verlernen möchte, den Vorschlag: Steige gelegentlich auf deinen Fahrten eine Station vor dem Ziel aus und lege eine Teilstrecke zu Fuß zurück. Wie oft bist du, gerade du Exakter, Zeitsparender, Abkürzungen berechnender und nutzender, zu früh am Ziel und musst eine öde leere Wartezeit in Büros und Vorzimmern mit Ungeduld und verärgerter Zeitungslektüre verbringen. Mach Minutenferien des Alltags aus solcher Gelegenheit, flaniere ein Stück Wegs. ›Flanieren, das gibt es nicht mehr‹, sagen die Leute. ›Das widerspricht dem Rhythmus unserer Zeit.‹ Ich glaube das nicht.

Gerade wer – fast möchte ich sagen: nur wer flanieren kann, wird danach, wenn ihn wieder dieser berühmte Rhythmus packt und eilig, konstant und zielstrebig fortbewegt, diese unsere Zeit umso mehr genießen und verstehn. Der andere aber, der nie aus dem großen Schwung herauskommt, wird schließlich gar nicht mehr merken, dass es so etwas überhaupt gibt. In jedem von uns aber lebt ein heimlicher Müßiggänger, der seine leidigen Beweggründe bisweilen vergessen und sich grundlos bewegen möchte. Und wenn ihm das glückt, dann wird die Straße, gerade weil er nichts von ihr will als sie anschauen, gerade weil sie ihm nicht dienen muss, besonders liebenswürdig zu ihm sein. Sie wird ihm ein Wachtraum. Die Schaufenster sind nicht mehr aufdringliche Angebote, sondern Landschaften; Firmennamen, besonders die Doppelnamen mit dem oft so Verschiedenes verbindenden &-Zeichen in der Mitte, werden mythologische Gestalten, Märchenpersonen. Keine Zeitung liest sich so spannend wie die leuchtende Wanderschrift, die dachentlang über Reklameflächen gleitet. Und das Verschwinden dieser Schrift, die man nicht zurückblättern kann wie ein Buch, ist ein augenfälliges Symbol der Vergänglichkeit – einer Sache, die der echte Genießer immer wieder gern eingeprägt bekommt, um die Wichtigkeit und Einzigkeit seines Genusses und des zeitlosen Augenblicks im Bewusstsein zu behalten.

Ich schicke dich zeitgenössischen Spaziergangsaspiranten nicht in fremde Gegenden und zu Sehenswürdigkeiten. Besuche deine eigne Stadt, spaziere in deinem Stadtviertel, ergehe dich in dem steinernen Garten, durch den Beruf, Pflicht und Gewohnheit dich führen. Erlebe im Vorübergehn die merkwürdige Geschichte von ein paar Dutzend

Straßen. Beobachte ganz nebenbei, wie sie einander das Leben zutragen und wegsaugen, wie sie abwechselnd stiller und lebhafter, vornehmer und ärmlicher, kompakter und bröckliger werden, wie und wo alte Gärten sich inselhaft erhalten mit seltenen Bäumen, Zypressen und Buchsbaum und regenverwaschenen Statuen, oder verkommen und von nachbarlichen Brandmauern bedrängt absterben. Erlebe, wie und wann die Straßen fieberhaft oder schläfrig werden, wo das Leben zum stoßweis drängenden Verkehr, wo es zum behaglich drängelnden Betrieb wird. Lern Schwellen kennen, die immer stiller werden, weil immer seltener fremde Füße sie beschreiten und sie die bekannten, die täglich kommen, im Halbschlaf einer alten Hausmeisterin wiedererkennen. Und neben all diesem Bleibenden oder langsam Vergehenden bietet sich deiner Wanderschau und ambulanten Nachdenklichkeit die Schar der vorläufigen Baulichkeiten, der Abbruchgerüste, Neubauzäune, Bretterverschläge, die zu leuchtenden Farbflecken werden im Dienst der Reklame, zu Stimmen der Stadt, zu Wesen, die rufend und winkend auf dich einstürmen mit Forderungen und Verlockungen, während die alten Häuser selbst langsam von dir wegrücken. Und hinter den Latten, durch Lücken sichtbar ist ein Schlachtfeld aus Steinen; manchmal, wenn die Arbeit stockt, ist es Walstatt und Verlassenheit, bis dann wieder die Steinsäge zischend die Luft zerschneidet und in die widerstandslose Masse eiserne Krane und stählerne Hebel greifen.

Verfolge im Vorübergehn die Lebensgeschichte der Läden und der Gasthäuser. Lern das Gesetz, das einen abergläubisch machen kann, von den Stätten, die kein Glück haben, obwohl sie günstig gelegen scheinen, den Stätten, wo die Besitzer und die Art des Feilgebotenen immer wieder wechseln. Wie sie sich, wenn ihnen der Untergang droht, fieberhaft übertreiben, diese Läden mit Ausverkauf, aufdringlichem Angebot und großgeschriebenen niedrigen Preisen! Wie viel Schicksal, Gelingen und Versagen kannst du aus Warenauslagen und ausgehängten Speisekarten ablesen, ohne dass du durch Türen trittst und Besitzer und Angestellte siehst. Da ist wieder das große Vorrecht des Spaziergängers. Er braucht nicht einzutreten, er braucht sich nicht einzulassen. Er liest die Straße wie ein Buch, er blättert in Schicksalen, wenn er an Hauswänden entlang schaut. Und wenn er wieder wegblickt von den Gegenständen, den Dingen, sagen ihm auch die Gesichter der fremden vorübergehenden Menschen mit einmal mehr. Nicht nur *der* Fremden, an denen er täglich vorüberkommt, die den gleichen Alltagsweg haben wie er und zu heimlichen Mitspielern seines Lebens geworden sind; nein, auch und besonders Gesichter der ganz Unbekannten.

Es ist das unvergleichlich Reizvolle am Spazierengehn, dass es uns ablöst von unserm mehr oder weniger leidigen Privatleben. Wir verkehren, kommunizieren mit lauter fremden Zuständen und Schicksalen. Das merkt der echte Spaziergänger an dem seltsamen Erschrecken, das er verspürt, wenn in der Traumstadt seines Flanierens ihm plötzlich ein Bekannter begegnet und er dann mit jähem Ruck wieder identisch und nur Herr Soundso auf dem Heimweg vom Büro ist.

Spazierengehn ist nur selten eine gesellige Angelegenheit wie etwa das Promenieren, das wohl früher einmal (jetzt nur noch in Städten, wo es eine Art Korso gibt) ein hübsches Gesellschaftsspiel, eine reizvolle theatralische und novellistische Situation gewesen sein mag. Es ist gar nicht leicht, mit einem Begleiter spazieren zu gehn. Es verstehn sich nur wenig Leute auf diese Kunst. Kinder, diese sonst in so Vielem vorbildlichen Geschöpfe, machen aus ihrem Weg ein Unternehmen mit heimlichen Spielregeln, sie sind so beschäftigt, beim Beschreiten der Pflastersteine das Berühren der Randflächen und sandigen Ritzen zu vermeiden, dass sie kaum aufschauen können; oder sie benutzen die Reihenfolge der Dinge, an denen sie vorbeikommen, zu abergläubischen Berechnungen; auch bewegen sie sich zu ungleichmäßig, sie trödeln oder eilen, sie gehn nicht spazieren. Leute, die berufsmäßig beobachten, Maler und Schriftsteller, sind oft sehr störende Begleiter, weil sie ausschneiden und umrahmen, was sie sehn, oder es ausdeuten und umdeuten, auch oft plötzlich stehn bleiben, statt das Wanderbild wunschlos in sich aufzunehmen. Mit Musikern geht es schon besser, auch mit manchen Frauen, die einen auf Besorgungen mitnehmen, ganz beschäftigt sind mit dem Ernst ihrer Einkäufe und dem Begleiter, der davon nichts versteht, das Glück des rein zuschauenden Daseins erhalten.

Aber meistens ist der echte Spaziergänger allein und da muss er sich etwas davor hüten, zu der düstern Romanfigur zu werden, die ihr eignes Leben von den Häuserkulissen abliest, wenn sie mit melancholisch hallenden Schritten die Straßen durchmisst, um dem Autor des Buches Gelegenheit zur Exposition seiner Geschichte zu geben. Man muss sich selbst vergessen, um glücklich spazieren zu gehn.

Der richtige Spaziergänger ist wie ein Leser, der ein Buch wirklich nur zu seinem Zeitvertreib und Vergnügen liest – auch das ist ein selten werdender Menschenschlag heutzutage, da die meisten Leser in falschem Ehrgeiz wie auch die Theaterbesucher sich für verpflichtet halten, ihr Urteil abzugeben. (Ach das viele Urteilen! Selbst die offiziellen Kunstrichter sollten lieber etwas weniger urteilen und mehr besprechen. Wäre es nicht schön, wenn sie das, was sie zu behandeln haben, besprechen könnten wie die alten Zauberer und Medizinmänner Krankheiten besprachen?)

Ist also die Straße eine Art Lektüre, so lies sie, aber kritisiere sie nicht zu viel. Finde nicht zu schnell schön oder hässlich. Das sind ja so unzuverlässige Begriffe. Lass dich auch ein wenig täuschen und verführen von Beleuchtung, Tageszeit und dem Rhythmus deiner Schritte. Das künstliche Licht, besonders im Wettstreit mit einem Rest Tageslicht und Dämmerung, ist ein großer Zauberer, macht alles vielfacher, schafft neue Nähen und Fernen und ändert aufleuchtend und verschwindend, wandernd und wiederkehrend noch einmal Tiefe, Höhe und Umriss der Gebäude. Das ist von großem Nutzen, besonders in Gegenden, wo von der schlimmsten Zeit des Privatbaus noch viel gräulich Getürmtes, schauerlich Ausladendes und Überkrochenes stehen geblieben ist, das erst allmählich verdrängt werden kann. Diese zackigen Reste verschwinden hinter den Augenblicks-Architekturen der Reklame, und wo man sie noch sieht, sind sie nicht mehr ›so schlimm‹, sondern mehr komisch und rührend. Vom freundlichen Anschauen bekommt auch das Garstige eine Art Schönheit ab. Das wissen die Ästheten nicht, aber der Flaneur erlebt es.

Wunderbar ist die sanfte Ermüdung, die nur er kennt, er, der immer unterwegs bleibt und nie eilt. Und eins seiner schönsten Erlebnisse ist der neue Schwung, den er bei langem Gehn nach der ersten Müdigkeit bekommt. Dann trägt

das Pflaster ihn mütterlich, es wiegt ihn wie ein wandern-
des Bett. Und was sieht er alles in diesem Zustand angebli-
cher Ermattung! An wie viel erinnern sich seine Sinne!
Viele fremde Straßen von früher sind dann mit in der ver-
trauten, durch die er geht. Und was sieht ihn alles an! Die
Straße lässt ihre älteren Zeiten durchschimmern durch die
Schicht Gegenwart. Was kann man da alles erleben! Nicht
etwa an den offiziell historischen Stellen, nein, irgendwo
in ganz ruhmloser Gegend.

Habe ich vielleicht den Spaziergangsaspiranten etwas zu
sehr ins allzu Unbewusste verführt, so will ich ihm nun
doch empfehlen, nicht ganz ziellos zu gehn. Auch in dem
›Aufs Geratewohl‹ gibt es einen Dilettantismus, der ge-
fährlich werden kann. Wenn du spazierst, beabsichtige, ir-
gendwohin zu gelangen. Vielleicht kommst du dann in an-
genehmer Weise vom Wege ab. Aber der Abweg setzt immer einen Weg voraus.

Wenn du unterwegs etwas näher ansehn willst, geh
nicht zu gierig darauf los. Sonst entzieht es sich dir. Lass
ihm Zeit, auch dich anzusehn. Es gibt ein Aug in Auge auch
mit den sogenannten Dingen. Es genügt nicht, dass *du* die
Straßen, die Stadt wohlwollend anschaust. Sie müssen
auch mit dir gut Freund werden.

Da habe ich nun immer nur vom Spazieren in der Stadt
gesprochen. Nicht von der merkwürdigen Zwischen- und
Übergangswelt: Vorstadt, Weichbild, Bannmeile mit all ihrem Unaufgeräumten, Stehengebliebenen, mit den plötzlich abschneidenden Häuserreihen, den Schuppen, Lagern,
Schienensträngen und dem Fest der Laubenkolonien und
Schrebergärten. Aber da ist schon der Übergang zum Lande
und zum Wandern. Und das Wandern ist wieder ein ganz

andres Kapitel aus der Schule des Genusses als das Spazierengehn. Schule des Genusses? Gibt es so etwas? Es sollte das geben, heute mehr denn je. Und wir sollten alle aus Menschenliebe in dieser Schule lehren und lernen.

JEAN PAUL

Die unsichtbare Loge

Da ich so ruhig bin und nicht spazieren gehen mag: So will ich über das Spazierengehen, das so oft in meinem Werke vorkommt, nicht ohne Scharfsinn reden. Ein Mann von Verstand und Logik würde meines Bedünkens alle Spazierer, wie die Ostindier, in *vier* Kasten zerwerfen.

In der I. Kaste laufen die jämmerlichsten, die es aus Eitelkeit und Mode tun und entweder ihr Gefühl oder ihre Kleidung oder ihren Gang zeigen wollen.

In der II. Kaste rennen die Gelehrten und Fetten, um sich eine Motion zu machen, und weniger, um zu genießen, als um zu verdauen, was sie schon genossen haben; in dieses passive unschuldige Fach sind auch die zu werfen, die es tun ohne Ursache und ohne Genuss, oder als Begleiter, oder aus einem tierischen Wohlbehagen am schönen Wetter.

Die III. Kaste nehmen diejenigen ein, in deren Kopfe die Augen des Landschaftsmalers stehen, in deren Herz die großen Umrisse des Weltall dringen, und die der unermesslichen Schönheitlinie nachblicken, welche mit Efeufasern um alle Wesen fließet und welche die Sonne und den

Bluttropfen und die Erbse ründet und alle Blätter und
Früchte zu Zirkeln ausschneidet. – O wie wenig solcher
Augen ruhen auf den Gebirgen und auf der sinkenden Son-
ne und auf der sinkenden Blume!

Eine IV. bessere Kaste, dächte man, könnt' es nach der
dritten gar nicht geben: Aber es gibt Menschen, die nicht
bloß ein artistisches, sondern ein heiliges Auge auf die
Schöpfung fallen lassen – die in diese blühende Welt die
zweite verpflanzen und unter die Geschöpfe den Schöp-
fer – die unter dem Rauschen und Brausen des tausend-
zweigigen, dicht eingelaubten Lebensbaums niederknien
und mit dem darin wehenden Genius reden wollen, da sie
selber nur geregte Blätter daran sind – die den tiefen Tem-
pel der Natur nicht als eine Villa voll Gemälde und Statuen,
sondern als eine heilige Stätte der Andacht brauchen –
kurz, die nicht bloß mit dem Auge, sondern auch mit dem
Herzen spazieren gehen …

ROBERT WALSER

Der Spaziergang

»Spazieren«, gab ich zur Antwort, »muß ich unbedingt, damit ich mich belebe und die Verbindung mit der Welt auf-
rechterhalte, ohne deren Empfinden ich weder einen hal-
ben Buchstaben mehr schreiben, noch ein Gedicht in Vers
oder Prosa hervorbringen könnte. Ohne Spazieren wäre ich
tot, und meinen Beruf, den ich leidenschaftlich liebe, hätte
ich längst preisgeben müssen. Ohne Spazieren und Be-

richt-Auffangen vermöchte ich nicht den leisesten Bericht abzustatten, ebensowenig einen Aufsatz, geschweige denn eine Novelle zu verfassen. Ohne Spazieren würde ich weder Studien noch Beobachtungen sammeln können. Ein so gescheiter, aufgeweckter Mann wie Sie wird dies augenblicklich begreifen.

Auf weitschweifigem Spaziergang fallen mir tausend brauchbare Gedanken ein, während ich zu Hause eingeschlossen jämmerlich verdorren, vertrocknen würde. Spazieren ist für mich nicht nur gesund, sondern auch dienlich, und nicht nur schön, sondern auch nützlich. Ein Spaziergang fördert mich beruflich, macht mir aber zugleich auch persönlich Spaß; er tröstet, freut, erquickt mich, ist mir ein Genuß, hat aber zugleich die Eigenschaft, daß er mich spornt und zu fernerem Schaffen reizt, indem er mir zahlreiche mehr oder minder bedeutende Gegenständlichkeiten darbietet, die ich später zu Hause eifrig bearbeiten kann. Jeder Spaziergang ist voll von sehenswerten, fühlenswerten Erscheinungen. Von Gebilden, lebendigen Gedichten, anziehenden Dingen, Naturschönheiten wimmelt es ja meistens förmlich auf netten Spaziergängen, mögen sie noch so klein sein. Natur- und Landeskunde öffnen sich reiz- und anmutvoll vor den Sinnen und Augen des aufmerksamen Spaziergängers, der freilich nicht mit niedergeschlagenen, sondern mit offenen, ungetrübten Augen spazieren muß, falls er den Wunsch hat, daß ihm der schöne Sinn und der weite, edle Gedanke des Spazierganges aufgehen sollen.

Bedenken Sie, wie der Dichter verarmen und kläglich scheitern müßte, wenn nicht die mütterliche, väterliche, kindliche Natur ihn immer wieder von neuem mit dem

Quell des Guten und Schönen bekannt machen würde. Bedenken Sie, wie für den Dichter der Unterricht und die heilige, goldene Belehrung, die er draußen im spielenden Freien schöpft, immer wieder von allergrößter Bedeutung sind. Ohne Spazieren und damit verbundene Naturanschauung, ohne diese ebenso liebliche wie lehrreiche, ebenso erfrischende wie beständig mahnende Erkundigung fühle ich mich wie verloren und bin es in der Tat. Höchst aufmerksam und liebevoll muß der, der spaziert, jedes kleinste lebendige Ding, sei es ein Kind, ein Hund, eine Mücke, ein Schmetterling, ein Spatz, ein Wurm, eine Blume, ein Mann, ein Haus, ein Baum, eine Hecke, eine Schnecke, eine Maus, eine Wolke, ein Berg, ein Blatt oder auch nur ein ärmliches, weggeworfenes Fetzchen Schreibpapier, auf das vielleicht ein liebes, gutes Schulkind seine ersten, ungefügen Buchstaben hingeschrieben hat, studieren und betrachten.

Die höchsten und niedrigsten, ernstesten wie lustigsten Dinge sind ihm gleicherweise lieb und schön und wert. Keinerlei empfindsamliche Eigenliebe darf er mit sich tragen, vielmehr muß er seinen sorgsamen Blick uneigennützig, unegoistisch überallhin schweifen, herumstreifen lassen, ganz nur im Anschauen und Merken aufzugehen fähig sein, dagegen sich selber, seine eigenen Klagen, Bedürfnisse, Mängel, Entbehrungen gleich wackerem, dienstbereiten, aufopferungsfreudigen, erprobten Feldsoldaten hintanzustellen, gering zu achten oder völlig zu vergessen wissen.

Andernfalls spaziert er nur mit halbem Geist, was kaum viel wert ist.

Des Mitleides, Mitempfindens und der Begeisterung

muß er jederzeit fähig sein, und hoffentlich ist er es. Er muß sich in den Enthusiasmus hinaufzuschwingen, sich aber ebenso leicht in die kleinste Alltäglichkeit herabzuneigen vermögen, und vermutlich kann er es. Treues, hingebungsvolles Sichverlieren und Hineinfinden in die Dinge und fleißige Liebe zu allen Erscheinungen machen ihn aber auch glücklich, wie jede Pflichterfüllung den Pflichtbewußten reich und glücklich im Innersten macht. Geist und Hingabe beseligen ihn, heben ihn hoch über die eigene Spaziergänger-Person hinaus, die oft genug im Geruch unnützen, zeitvergeudenden Vagabundierens steht. Mannigfaltige Studien bereichern, belustigen, besänftigen und veredeln ihn, und was er emsig treibt, mag mitunter hart an exakte Wissenschaft streifen, die dem scheinbar leichtfertigen Bummler niemand zutraut.

Wissen Sie, daß ich hartnäckig und zäh im Kopf arbeite und oft vielleicht im besten Sinne tätig bin, wo es den Anschein hat, als ob ich ein gedankenlos wie arbeitslos im Blauen oder Grünen mich verlierender, saumseliger, träumerischer, träger, schlechten Eindruck weckender Erztagedieb und Mensch ohne Verantwortung sei?

Geheimnisvoll schleichen dem Spaziergänger allerlei Einfälle und Ideen nach, derart, daß er mitten im fleißigen, achtsamen Gehen stillstehen und horchen muß, weil er, über und über von seltsamen Eindrücken, Geister-Gewalt benommen, plötzlich das bezaubernde Gefühl hat, als sinke er in die Erde hinab, indem sich vor den geblendeten, verirrten Denker- und Dichteraugen ein Abgrund öffne. Der Kopf will ihm abfallen. Die sonst so lebhaften Arme und Beine sind wie erstarrt. Land und Leute, Töne und Farben, Gesichter und Gestalten, Wolken und Sonnenschein

drehen sich wie Schemen rund um ihn herum; er fragt
sich: ›Wo bin ich?‹

Erde und Himmel fließen und stürzen in ein blitzend
übereinanderwogendes, undeutlich schimmerndes Nebel-
bild zusammen. Das Chaos beginnt und die Ordnungen
verschwinden. Mühsam sucht der Erschütterte seine Be-
sinnung aufrechtzuhalten; es gelingt ihm. Später spaziert
er vertrauensvoll weiter.

Halten Sie es für ganz und gar unmöglich, daß ich auf
solcherlei geduldigem Spaziergang Riesen antreffe, Pro-
fessoren die Ehre habe zu sehen, mit Buchhändlern und
Bankbeamten im Vorbeigehen verkehre, mit Sängerinnen
und Schauspielerinnen rede, bei geistreichen Damen zu
Mittag speise, durch Wälder streife, gefährliche Briefe be-
fördere und mich mit tückischen, ironischen Schneider-
meistern wild herumschlage? Dies alles kann immerhin
vorkommen, und ich glaube, daß es in der Tat vorgekom-
men ist.

Den Spaziergänger begleitet stets etwas Merkwürdiges,
Phantastisches, und er wäre töricht, wenn er dieses Geisti-
ge unbeachtet lassen wollte; doch das tut er keinesfalls,
vielmehr heißt er alle eigentümlichen Erscheinungen herzlich willkommen, befreundet, verbrüdert sich mit ihnen,
macht sie zu gestaltenhaften, wesenreichen Körpern, gibt
ihnen Seele und Bildung, wie sie ihrerseits auch ihn besee-
len und bilden.

Kurz und gut: Ich verdiene mein tägliches Brot durch
Denken, Grübeln, Bohren, Graben, Sinnen, Dichten, For-
schen, Untersuchen und Spazieren so sauer wie irgendeiner. Indem ich vielleicht die allervergnügteste Miene
schneide, bin ich höchst ernsthaft und gewissenhaft, und

wo ich weiter nichts als schwärmerisch und zärtlich zu sein scheine, bin ich ein solider Fachmann. Darf ich hoffen, Sie durch dargebrachte eingehende Aufklärung von offenbar ehrlichem Streben vollauf überzeugt zu haben?«

MARIA LUISE WEISSMANN

Park im Vorfrühling

O halte dich, aus dir nicht zu entgleiten
Ins Grenzenlose! Folg der Hunde Spiel
Nicht mit dem Blick, wie's weiß in dunkeln Weiten
Der Büsche schwindet. Lausch nicht auf ein Ziel
Im unruhvollen Trab der schnellen Pferde,
Von fern her klopfend. Achte, dass die Sohle
Der Füße dir nicht, schwindelnde Gebärde,
Der Hügel Fall und Anstieg wiederhole,
Schmeck nicht zu tief den bittern Knospenduft! …
Und doch zuletzt, ein Trunkener und schwer
Brichst taumelnd du durch trügerische Luft
Tief in des Himmels schwarz beschäumtes Meer.

Spaziergang

Da die Welt aus Entfernungen entsteht,
Treppenhäuser und Moore,
und das Erträgliche sich verdächtig macht,
so laßt es nicht zu,
daß hinter euren Ställen die Elstern
kurz auffliegen und glänzend
in die glänzenden Weiher stürzen,
daß euer Rauch noch steigt
vor den Wäldern,
lieber wollen wir warten,
bis uns die goldenen Füchse
im Schnee erscheinen.

FRIEDRICH NIETZSCHE

Götzendämmerung

Das Sitzfleisch ist gerade die *Sünde* wider den heiligen Geist. Nur die *ergangenen* Gedanken haben Wert.

Peder Severin Krøyer:
»Sommerabend bei Skagen«, 1893

Besinnliche Spaziergänge

Anton Reiser

Dieser einsame Spaziergang entwickelte auf einmal mehr Empfindungen in seiner Seele, und trug mehr zur eigentlichen Bildung seines Geistes bei – als alle Schulstunden, die er je gehabt hatte, zusammengenommen. –

Dieser einsame Spaziergang war es, welcher Reisers Selbstgefühl erhöhte, seinen Gesichtskreis erweiterte, und ihm eine anschauliche Vorstellung von seinem eignen wahren, isolierten Dasein gab; das bei ihm auf eine Zeit lang an keine Verhältnisse mehr geknüpft war, sondern in sich und für sich selbst bestand. –

Indem er einen Blick auf das Ganze des menschlichen Lebens warf, *lernte er zuerst das Große im Leben von dessen Detail unterscheiden.*

Alles was ihn gekränkt hatte, schien ihm klein, unbedeutend, und nicht der Mühe des Nachdenkens wert. –

[...]

Fast alle Tage ging er nun bei heiterm Wetter mit seinem Werther in der Tasche den Spaziergang auf der Wiese längst dem Flusse, wo die einzelnen Bäume standen, nach dem kleinen Gebüsch hin, wo er sich *wie zu Hause fand,* und sich unter ein grünes Gesträuch setzte, das über ihm eine Art von Laube bildete – weil er nun *denselben* Platz immer wieder besuchte, so wurde er ihm fast so lieb, wie das Plätzchen am Bache – und er lebte auf die Weise bei heiterm Wetter mehr in der offenen Natur, als zu Hause, indem er zuweilen fast den ganzen Tag so zubrachte, dass er unter dem grünen Gesträuch den

Werther, und nachher am Bache den Virgil oder Horaz
las. –

[...]

Seine Spaziergänge wurden ihm nun immer interessanter; er ging mit Ideen, die er aus der Lektüre gesammlet hatte, hinaus, und kehrte mit neuen Ideen, die er aus der Betrachtung der Natur geschöpft hatte, wieder herein. – Auch machte er wieder einige Versuche in der Dichtkunst, die sich aber immer um allgemeine Begriffe herumdrehten, und sich wieder zu seiner Spekulation hinneigten, die doch immer seine Lieblingsbeschäftigung war. –

So ging er einmal auf der Wiese, wo die hin und her zerstreuten hohen Bäume standen, und seine Ideen stiegen auf einer Art von Stufenleiter bis zu dem Begriff des Unendlichen empor. – Dadurch verwandelte sich seine Spekulation in eine Art von poetischer Begeisterung, wozu sich denn die Begierde, den *Beifall* seines Freundes zu erhalten, gesellte – er dachte sich ein Ideal eines Weisen, eines Menschen, der so viel Ideen hat, als einem Sterblichen nur möglich sind – und der dennoch immer eine *Lücke* in sich fühlt, die nur durch die Idee vom Unendlichen ausgefüllt werden kann [...].

[...]

Und nun hatte er auch ein schönes Mittel gegen seine schwermütige Laune gefunden; sooft er nämlich merkte, dass sie anfing, seiner Herr zu werden, ging er im größten Regen und Schnee des Abends, wenn es schon dunkel war, aus, und einmal um den Wall spazieren, und es fehlte ihm niemals, dass sich nicht, so wie er mit schnellen Schritten vorwärts ging, neue Aussichten und Hoffnungen unvermerkt in seiner Seele entwickelt hätten, von welchen frei-

lich die glänzendste ihm am nächsten lag. – Bei diesen Spaziergängen um den Wall gelangen ihm auch die besten
Stellen in seiner Rede, und Schwierigkeiten in Ansehung
des Versbaues, die ihm oft, wenn er sich mit dem Kopf am
Ofen gelehnt hatte, unüberwindlich schienen, hoben sich
hier wie von selbst. –

Der Wall um H[annover] war von seiner Kindheit an der
vorzüglichste Schauplatz seiner angenehmsten Phantasie
und romanhaftesten Ideen gewesen – denn er sahe hier die
dicht ineinandergebaute Stadt und die ländliche offene Natur, mit Gärten, Äckern und Wiesen, so nahe aneinander-
grenzend, und doch so außerordentlich verschieden, dass
dieser Kontrast einer lebhaften Wirkung auf seine Phantasie nie verfehlen konnte. – Dann drängten sich auch in die
Umgehung des Ortes, der seine meisten Schicksale gleichsam in seinen Umfang einschloss, immer tausend dunkle
Erinnerungen an die Vergangenheit in seiner Seele empor,
welche mit seiner gegenwärtigen Lage zusammengehalten,
gleichsam mehr Interesse in sein Leben brachten, – und
vorzüglich des Abends machte der Anblick von den auf den
Zimmern hin und her zerstreuten Lichtern in den dicht an
dem Wall grenzenden Häusern allemal die schon vorher-
beschriebene Wirkung auf ihn. –

FRIEDRICH HEBBEL

Spaziergang am Herbstabend

Wenn ich abends einsam gehe
Und die Blätter fallen sehe,
Finsternisse niederwallen,
Ferne, fromme Glocken hallen:

Ach, wie viele sanfte Bilder,
Immer inniger und milder,
Schatten längst vergangner Zeiten,
Seh ich dann vorübergleiten.

Was ich in den fernsten Stunden,
Oft nur halb bewusst, empfunden,
Dämmert auf in Seel' und Sinnen,
Mich noch einmal zu umspinnen.

Und im inneren Zerfließen
Mein ich's wieder zu genießen,
Was mich vormals glücklich machte,
Oder mir Vergessen brachte.

Doch, dann frag ich mich mit Beben:
Ist so ganz verarmt dein Leben?
Was du jetzt ersehnst mit Schmerzen,
Sprich, was war es einst dem Herzen?

Völlig dunkel ist's geworden,
Schärfer bläst der Wind aus Norden,
Und dies Blatt, dies kalt benetzte,
Ist vielleicht vom Baum das letzte.

Auf Goldgrund

Ins Museum bin zu später
Stunde heut ich noch gegangen,
Wo die Heilgen, wo die Beter
Auf den goldnen Gründen prangen.

Dann durchs Feld bin ich geschritten
Heißer Abendglut entgegen,
Sah, die heut das Korn geschnitten,
Garben auf die Wagen legen.

Um die Lasten in den Armen,
Um den Schnitter und die Garbe
Floss der Abendglut, der warmen,
Wunderbare Goldesfarbe.

Auch des Tages letzte Bürde,
Auch der Fleiß der Feierstunde
War umflammt von heilger Würde,
Stand auf schimmernd goldnem Grunde.

RICHARD DEHMEL

Klarer Tag

Der Himmel leuchtet aus dem Meer;
ich geh und leuchte still wie er.

Und viele Menschen gehn wie ich,
sie leuchten alle still für sich.

Zuweilen scheint nur Licht zu gehn
und durch die Stille hinzuwehn.

Ein Lüftchen haucht den Strand entlang:
o wundervoller Müßiggang.

FRANZ KAFKA

Der plötzliche Spaziergang

Wenn man sich am Abend endgültig entschlossen zu haben scheint, zu Hause zu bleiben, den Hausrock angezogen
hat, nach dem Nachtmahl beim beleuchteten Tische sitzt
und jene Arbeit oder jenes Spiel vorgenommen hat, nach
dessen Beendigung man gewohnheitsgemäß schlafen geht,
wenn draußen ein unfreundliches Wetter ist, welches das
Zuhausebleiben selbstverständlich macht, wenn man jetzt
auch schon so lange bei Tisch stillgehalten hat, dass das
Weggehen allgemeines Erstaunen hervorrufen müsste,

wenn nun auch schon das Treppenhaus dunkel und das
Haustor gesperrt ist, und wenn man nun trotz alledem in
einem plötzlichen Unbehagen aufsteht, den Rock wechselt,
sofort straßenmäßig angezogen erscheint, weggehen zu
müssen erklärt, es nach kurzem Abschied auch tut, je nach
der Schnelligkeit, mit der man die Wohnungstür zuschlägt,
mehr oder weniger Ärger zu hinterlassen glaubt, wenn
man sich auf der Gasse wiederfindet, mit Gliedern, die diese schon unerwartete Freiheit, die man ihnen verschafft
hat, mit besonderer Beweglichkeit beantworten, wenn
man durch diesen einen Entschluss alle Entschlussfähig-
keit in sich gesammelt fühlt, wenn man mit größerer als
der gewöhnlichen Bedeutung erkennt, dass man ja mehr
Kraft als Bedürfnis hat, die schnellste Veränderung leicht
zu bewirken und zu ertragen, und wenn man so die langen
Gassen hinläuft, – dann ist man für diesen Abend gänzlich
aus seiner Familie ausgetreten, die ins Wesenlose ab-
schwenkt, während man selbst, ganz fest, schwarz vor Um-
rissenheit, hinten die Schenkel schlagend, sich zu seiner
wahren Gestalt erhebt.

Verstärkt wird alles noch, wenn man zu dieser späten
Abendzeit einen Freund aufsucht, um nachzusehen, wie es
ihm geht.

Spaziergang

… so viele Hühner und ein kleiner weißer Hund
und Himmel, der so farbenfroh und bunt –
der kahle Baum wirkt so gespensterhaft
und graue Häuser wie ganz ohne Kraft …
Ganz kleine Regenperlen hängen an den Zweigen
und ferne Berge sind getaucht in großes Schweigen.

Die Felder sind nur dunkelbraune Schollen
und hie und da ein bisschen gelbes Grün
und kleine Spatzen, dumm und frech und kühn,
laufen darüber hin wie Kinder, welche tollen …
Ganz fern die Stadt mit ihren vielen Türmen,
mit Häusern, welche licht und froh hinstürmen,

ist wie ein altes Bild aus einem Märchen.
Die Luft ist leis und voll von Sehnen,
so dass man wartet auf die blauen Lerchen
und fahren möchte in ganz schlanken Kähnen.

Hier stehen weiße Astern, weiß und rein,
und da ein Krautkopf, jung und klein.
Sie sind wie ein vergessner Sonnenschirm
mitten auf tief verschneiten Straßen.
Ein Hase, der vorbeiläuft, kann sich gar nicht fassen:
es scheint, es würde Sommer wieder sein.

Mit meinem Schatten

Ich gehe mit meinem Schatten,
nur von dem Schatten begleitet,
alleine mit ihm,
über graslose Wiesen.

Ich immer blässer,
er immer länger.
Er führt mich,
ich lasse mich führen.

Die kahlen Birken am Weg,
glatte weiße Finger,
kennen das Ziel
besser als ich.

ROSE AUSLÄNDER

Allee

Ich höre das Herz
des Oleanders
gehe durch die grüne Allee
mit Blüten und Dornen
im Bund
ein Zipfelchen Zeit
in der Tasche

THOMAS BERNHARD

Gehen

Während wir immer gedacht haben, wir können Gehen und Denken *zu einem einzigen totalen Vorgang* machen auch für längere Zeit, muß ich jetzt sagen, daß es unmöglich ist, Gehen und Denken zu einem einzigen totalen Vorgang zu machen auf längere Zeit. Denn tatsächlich ist es nicht möglich, *längere Zeit zu gehen und zu denken in gleicher Intensität*, einmal gehen wir intensiver, aber denken nicht so intensiv, wie wir gehen, dann denken wir intensiv und gehen nicht so intensiv wie wir denken, einmal denken wir mit einer viel höheren Geistesgegenwart, als wie wir gehen und einmal gehen wir mit einer viel größeren Geistesgegenwart, als wie wir denken, wir können aber nicht mit der gleichen Geistesgegenwart denken und gehen, sagt Oehler, wie wir nicht mit der gleichen Intensität auf längere Zeit gehen und denken und Gehen und Denken immer noch mehr auf längere Zeit als ein totales Ganzes und ein totales Gleichwertiges machen können. Gehen wir intensiver, läßt unser Denken nach, sagt Oehler, denken wir intensiver, unser Gehen. Andererseits müssen wir gehen, um denken zu können, sagt Oehler, wie wir denken müssen, um gehen zu können, eines aus dem andern und eines aus dem andern mit einer immer noch größeren Kunstfertigkeit. Aber alles immer nur bis zu dem Grade der Erschöpfung. Wir können nicht sagen, wir denken, wie wir gehen, wie wir nicht sagen können, wir gehen, wie wir denken, weil wir nicht gehen können, wie wir denken, nicht denken, wie wir gehen. Gehen wir längere Zeit inten-

siv in einem intensiven Gedanken, sagt Oehler, so müssen
wir das Gehen bald abbrechen oder das Denken bald abbrechen, weil es nicht möglich ist, längere Zeit gleich intensiv
zu gehen und zu denken. Wir können auch ohne weiteres
sagen, daß es uns oft gelingt, gleichmäßig zu gehen und
gleichmäßig zu denken, aber diese Kunst ist offensichtlich
die allerschwierigste und die am wenigsten zu beherr-
schende. Von dem Einen sagen wir, er ist ein vorzüglicher
Denker, von dem Andern sagen wir, er ist ein vorzüglicher
Geher, aber wir können nicht von einem einzigen sagen, er
sei ein vorzüglicher (oder ein ausgezeichneter) Denker und
Geher zugleich. Andererseits sind Gehen und Denken zwei
durchaus gleiche Begriffe und wir können ohne weiteres
sagen (und behaupten), daß der, welcher geht und also der,
welcher beispielsweise vorzüglich geht, auch vorzüglich
denkt, wie der, der denkt und also auch vorzüglich denkt,
auch vorzüglich geht. Wenn wir einen Gehenden genau beobachten, wissen wir auch, wie er denkt. Wenn wir einen
Denkenden genau beobachten, wissen wir auch, wie er
geht. Wir beobachten einen Gehenden längere Zeit auf das
genaueste und kommen nach und nach auf sein Denken,
auf die Struktur seines Denkens, wie wir, wenn wir einen
Menschen längere Zeit beobachten, wie er denkt, nach und
nach darauf kommen, wie er geht.

Stadtspaziergänge

Der Flaneur

Die Gemächlichkeit [...] passt zu dem Habitus des Flaneurs,
der auf dem Asphalt botanisieren geht. Aber schon damals
konnte man nicht überall in der Stadt umherschlendern.
Breite Bürgersteige waren vor Haussmann[1] selten; die
schmalen boten wenig Schutz vor den Fuhrwerken. Die
Flanerie hätte sich zu ihrer Bedeutung schwerlich ohne die
Passagen entwickeln können. »Die Passagen, eine neuere
Erfindung des industriellen Luxus«, sagt ein illustrierter
Pariser Führer von 1852, »sind glasgedeckte, marmorgetä-
felte Gänge durch ganze Häusermassen, deren Besitzer sich
zu solchen Spekulationen vereinigt haben. Zu beiden Seiten dieser Gänge, die ihr Licht von oben erhalten, laufen
die elegantesten Warenläden hin, so dass eine solche Passa-
ge eine Stadt, eine Welt im Kleinen ist.« In dieser Welt ist
der Flaneur zu Hause; er verhilft »dem Lieblingsaufenthalte
der Spaziergänger und der Raucher, dem Tummelplatze aller möglichen kleinen Metiers«[2] zu seinem Chronisten und
seinem Philosophen. Sich selber aber verhilft er dort zu
dem unfehlbaren Heilmittel gegen die Langeweile, wie sie
unter dem Basiliskenblick einer saturierten Reaktion leicht
gedeiht. [...] Die Passagen sind ein Mittelding zwischen
Straße und Interieur. Will man von einem Kunstgriff der

1 Georges-Eugène Baron Haussmann (1809–1891), von 1853 bis 1870
  Präfekt des französischen Départements Seine; gilt als bedeuten-
  der Stadtplaner des modernen Paris. [Anm. d. Hrsg.]
2 Ferdinand von Gall: Paris und seine Salons. Bd. 2. Oldenburg 1845,
  p. 22.

Physiologien reden, so ist es der bewährte des Feuilletons: nämlich den Boulevard zum Interieur zu machen. Die Straße wird zur Wohnung für den Flaneur, der zwischen Häuserfronten so wie der Bürger in seinen vier Wänden zu Hause ist. Ihm sind die glänzenden emaillierten Firmenschilder so gut und besser ein Wandschmuck wie im Salon dem Bürger ein Ölgemälde; Mauern sind das Schreibpult, gegen das er seinen Notizblock stemmt; Zeitungskioske sind seine Bibliotheken und die Caféterrassen Erker, von denen aus er nach getaner Arbeit auf sein Hauswesen heruntersieht. Dass das Leben in seiner ganzen Vielfalt, in seinem unerschöpflichen Reichtum an Variationen erst zwischen den grauen Pflastersteinen und vor dem grauen Hintergrunde der Despotie gedeiht – das war der politische Hintergedanke des Schrifttums, dem die Physiologien angehörten.

JOHANN WOLFGANG GOETHE

Osterspaziergang

Vom Eise befreit sind Strom und Bäche
Durch des Frühlings holden, belebenden Blick;
Im Tale grünet Hoffnungs-Glück;
Der alte Winter, in seiner Schwäche,
Zog sich in raue Berge zurück.
Von dorther sendet er, fliehend, nur
Ohnmächtige Schauer körnigen Eises

In Streifen über die grünende Flur;
Aber die Sonne duldet kein Weißes,
Überall regt sich Bildung und Streben,
Alles will sie mit Farben beleben;
Doch an Blumen fehlt's im Revier,
Sie nimmt geputzte Menschen dafür.
Kehre dich um, von diesen Höhen
Nach der Stadt zurück zu sehen.
Aus dem hohlen finstern Tor
Dringt ein buntes Gewimmel hervor.
Jeder sonnt sich heute so gern.
Sie feiern die Auferstehung des Herrn,
Denn sie sind selber auferstanden,
Aus niedriger Häuser dumpfen Gemächern,
Aus Handwerks- und Gewerbes-Banden,
Aus dem Druck von Giebeln und Dächern,
Aus der Straßen quetschender Enge,
Aus der Kirchen ehrwürdiger Nacht
Sind sie alle ans Licht gebracht.
Sieh nur sieh! wie behänd sich die Menge
Durch die Gärten und Felder zerschlägt,
Wie der Fluss, in Breit und Länge,
So manchen lustigen Nachen bewegt,
Und, bis zum Sinken überladen,
Entfernt sich dieser letzte Kahn.
Selbst von des Berges fernen Pfaden
Blinken uns farbige Kleider an.
Ich höre schon des Dorfs Getümmel,
Hier ist des Volkes wahrer Himmel,
Zufrieden jauchzt Groß und Klein:
Hier bin ich Mensch, hier darf ich's sein.

Tu ich einen Spaziergang machen

Tu ich einen Spaziergang machen,
Beschäft'gen mich immer allerlei Sachen.
In das Kommende sich versenken,
Tod und Sterben überdenken,
Gibt es so was wie Fortschritt auf Erden,
Oder werden wir alle russisch werden,
Sollen wir was für den Himmel tun,
Alle diese Fragen ruhn,
Immer nur allerkleinste Sachen
Dürfen einen Anspruch machen.
Warum sind Müllers ausgeblieben?
Warum hatte Schulze nicht geschrieben?
Werd ich der Meyer im Park begegnen?
Wird es schön Wetter oder wird es regnen?
Und im immer weitern Schreiten
Wechseln so die Nichtigkeiten.

Geh ich die Gassen entlang …

Geh ich die Gassen entlang,
da sitzen alle die braunen
Mädchen und schauen und staunen
hinter meinem Gang.

Bis eine zu singen beginnt
und alle aus ihrem Schweigen
sich lächelnd niederneigen:
    Schwestern, wir müssen ihm zeigen
    wer wir sind.

HUGO VON HOFMANNSTHAL

Spaziergang

Ich ging durch nächtige Gassen
Bis zum verstaubten Rand
Der großen Stadt. Da kam ich
An eine Bretterwand

Auf einem öden Wall von Lehm.
Ich konnt nicht weiter gehen
Noch auch im klaren vollen Licht
Des Monds hinüber spähen.

Dahinter war die ganze Welt
Verschwunden und versunken
Und nur der Himmel aufgerollt
Mit seinen vielen Funken.

Der Himmel war so dunkelblau,
So glanz- und wunderschwer,
Als rollte ruhig unter ihm
Ein leuchtend feuchtes Meer.

Die Sterne glommen, als schauten sie
In einen hohen Hain
Mit rieselnden dunkeln Wassern
Und rauschenden Wipfeln hinein.

Ich weiß nicht, was dort drüben war,
Doch war's wohl fort und fort
Nur öde Gruben, Sand und Lehm
Und Disteln halbverdorrt.

Sag, meine Seele, gibt es wo
Ein Glück, so groß und still,
Als liegend hinterm Bretterzaun
Zu träumen wie Gott will,

Wenn über Schutt und Staub und Qualm
Sich solche Pracht enthüllt,
Dass sie das Herz mit Orgelklang
Und großem Schauer füllt?

Sommer in der Stadt

Ziemlich unglücklich fühlt man sich an Sommerabenden in der Hauptstadt. Wie zurückgesetzt. Wie übergangen. Zum Beispiel gehe ich abends durch die Praterstraße! Wie wenn ich und die Passanten bei der Lebensprüfung durchgefallen wären und – – –, während die guten Schüler die Ferien genießen dürften zur Belohnung. Wir aber dürfen nur träumen:

»O Meeresschäumen an alten Holzpiloten; o kleiner See in Einsamkeiten; o Lichtungen mit dünnem Wiesengrunde und braunen Moorlacken, wo jeder Hofmeister sagt: ›Siehst du! Hier kommen abends Hirsche zur Tränke.‹ O Holunderstauden mit schwarzen Bockkäfern und kleinen metallischen Bergkäfern und verlausten Rosenkäfern und hellbraunen Bergesfliegen, an Bächen, welche über große Steine rutschen in ziemlicher Eile! Und der Holunder nährt Insekten-Welten! O zweiundzwanziggrädige Quelle im offenen Bassin, auf dem die Lindenblüten schwimmen; denn die Allee zum Bade ist voll von Linden; und alles ist erfüllt mit Lindenblüten! Weißes Segelleben in lackierten Jachten! Die Damen bekommen teint ambré. Alles entfettet sich. Wer siegt in der Regatta?! Risa, gib mir die Hand über den Steg. Mittage mit zehntausend Tonnen Sonnenhitze, wie das Gewicht von Schlachtschiffen; Nachmittage mit Aprikosen, Weichsel, Edel-Stachelbeeren; Abende wie eingekühlter Gießhübler; Nacht – – – hörst du die Schwäne ihre Schnäbel öffnen und schließen?! Und wieder die Schwäne ihre Schnäbel öffnen und schließen? Und nichts mehr – – –.«

Wir aber gehen durch die Praterstraße in der Hauptstadt. Acht Uhr abends. Wie lauter zugrunde gehende Kaufläden an beiden Seiten. Pfirsiche neben Matjesheringen. Korbwaren. Seebadhüte. Schwarze Rettiche. Bicycles blinken überall. Als ob die Luft, wie in Parfümfabriken das Fett mit Veilchenduft, sich vollgesogen hätte mit Gerüchen von Erdäpfelsalat, Teer zwischen Granitpflaster, und mille-fleur de l'homme épuisé! Bogenlichter mit Ambitionen von Glühwürmern in Sommernächten machen die Sache nicht besser. Ans Licht gebrachtes Sommerelend! Lass es im Dunkeln, bitte, in schweigenden Schatten! Bogenlichter aber schreien: »Da sehet!« Sie kreischen die Dinge des Lebens, plaudern alles aus mit ihrem weißen Licht! [...]

RICARDA HUCH

Frühling in der Schweiz

Gegen Abend schlenderte ich manchmal allein oder mit Frau Wanner auf die Hohe Promenade, den letzten Rest der alten Bastei, wo wir das Abendlicht die Schneeberge färben sahen. Nur selten trafen wir dort einen Spaziergänger, der wie wir, an den grünüberwachsenen Gräbern eines alten Friedhofs vorüberwandelnd, den Feierabend genoss. [...] In dem ersten Winter, wo ich noch wenige Menschen kannte, ging ich oft weite Wege allein, besonders am See entlang, der dunkel unter wogenden Nebeln starrte, und das waren glückliche Stunden ahnungsvoller Träumereien. Einige Jahre später wurde eine meiner Freundinnen auf dem Wege zur Trichterhauser Mühle überfallen und nur durch das zufällige Daherkommen eines kleinen Jungen gerettet. Dadurch wurde mir die Gefahr einsamer Spaziergänge klar, und ich verlor den Mut dazu, womit ich allerdings einen unersetzlichen Genuss aufgab.

ALFRED LICHTENSTEIN

Spaziergang

Der Abend kommt mit Mondschein und seidner
                Dunkelheit.
Die Wege werden müde. Die enge Welt wird weit.

Opiumwinde gehen feldein und feldhinaus.
Ich breite meine Augen wie Silberflügel aus.

Mir ist, als ob mein Körper die ganze Erde wär.
Die Stadt glimmt auf: Die tausend Laternen wehn umher.

Schon zündet auch der Himmel fromm an sein
                Kerzenlicht.
… Groß über alles wandert mein Menschenangesicht –

ERNST BLASS

Spaziergang

Ich wurde langsam müde von den Klängen
Der kleinen Lieder, die mir gut bekamen,
Von Tropenträumen und von dicken Damen.
Ich spüre wandernd, wie in Nebengängen

Des grünen Parks die Paare sich umfassen …
Laternen stehn den breiten Weg entlang,
Der unter meiner Lider Überhang
Getragen mündet in die Nacht der Gassen.

ERICH KÄSTNER

Vorstadtstraßen

Mit solchen Straßen bin ich gut bekannt.
Sie fangen an, als wären sie zu Ende.
Trinkt Magermilch! steht groß an einer Wand,
als ob sich das hier nicht von selbst verstände.

Es riecht nach Fisch, Kartoffeln und Benzin.
In diesen Straßen dürfte niemand wohnen.
Ein Fenster schielt durch schräge Jalousien.
Und welke Blumen blühn auf den Balkonen.

Die Häuser bilden Tag und Nacht Spalier
und haben keine weitern Interessen.
Seit hundert Jahren warten sie nun hier.
Auf wen sie warten, haben sie vergessen.

Die Nacht fällt wie ein großes altes Tuch,
von Licht durchlöchert, auf die grauen Mauern.
Ein paar Laternen gehen zu Besuch.
Und vor den Kellern sieht man Katzen kauern.

Die Häuser sind so traurig und so krank,
weil sie die Armut auf den Straßen trafen.
Aus einem Hof dringt ganz von ferne Zank.
Dann decken sich die Fenster zu und schlafen.

So sieht die Welt in tausend Städten aus!
Und keiner weiß, wohin die Straßen zielen.
An jeder zweiten Ecke steht ein Haus,
in dem sie Skat und Pianola spielen.

Ein Mann mit Sorgen geigt aus dritter Hand.
Ein Tisch fällt um. Die Wirtin holt den Besen.
Trinkt Magermilch! steht groß an einer Wand.
(Doch in der Nacht kann das ja niemand lesen.)

Spaziergang

Was ich sehe, ist der lächerlich unscheinbare Zug im Ant-
litz der Straße und des Tages. Ein Pferd, das mit gesenktem
Kopf in den gefüllten Hafersack sieht, vor eine Droschke
gespannt ist und nicht weiß, dass Pferde ursprünglich ohne
Droschken zur Welt gekommen sind; ein Kind am Stra-
ßenrande, das mit Murmeln spielt und dem zweckmäßigen
Wirrwarr der Erwachsenen zusieht und, vom Trieb zur
Nutzlosigkeit erfüllt, nicht ahnt, dass es die Vollkommen-
heit der Schöpfung bereits darstellt, sondern sich im Ge-
genteil nach Erwachsensein sehnt; einen Schutzmann, der
sich einbildet, absoluter Ruhepunkt im Wirrsal des Ge-
schehens zu sein und die Säule irgendeiner ordnenden
Macht. Feind der Straße und hierher gestellt, um sie zu be-
wachen und den schuldigen Tribut an Ordnungssinn von
ihr einzukassieren. Ein Mädchen sehe ich im Rahmen eines
offenen Fensters, Bestandteil der Mauer und voll Sehnsucht nach Befreiung aus der Umklammerung der Wand,
die ihre Welt ist. Einen Mann, der tief in die Schatten eines
winkelreichen Platzes gedrückt, Papierschnitzel sammelt
und Zigarettenstummel. Eine Litfaßsäule an der Spitze der
Straße, Motto dieser Straße, mit einem kleinen Wind-Ge-
sinnungsfähnchen an der Spitze. Einen dicken Herrn mit
Zigarre und im hellen Sakko, der aussieht wie der verkör-
perte Fettfleck eines Sommertags. Eine Caféterrasse mit
bunten Damen bepflanzt, die warten, bis sie gepflückt werden. Kellner in weißen Gewändern, Portiers in blauen, Zei-
tungsverkäufer, ein Hotel, einen Liftboy [...] .

Was ich sehe, ist der alte Mann mit der dünnen Fistel-
trompete aus Blech am Kurfürstendamm. Ein Bettler, dessen Tragik auf ihren Besitzer deshalb so aufmerksam
macht, weil sie unhörbar ist. Manchmal ist die Fisteltrom-
pete, die kleine Trompete aus weißem Blech, stärker, wir-
kungsvoller, als der ganze Kurfürstendamm. Und die
Handbewegung eines Kellners auf der Caféterrasse, der eine Fliege totschlagen will, ist inhaltsreicher, als die Schicksale aller Caféterrassengäste. Es gelang der Fliege zu ent-
kommen, und der Kellner ist enttäuscht. Warum bist du
der Fliege feind, o Kellner? Ein Invalide, der eine Nagelfeile
gefunden hat. Jemand, eine Dame, hat die Nagelfeile verloren, an der Stelle, wo der Invalide sitzt. Nun beginnt der
Bettler, seine Nägel zu feilen. Mit diesem Zufall, der ihm
eine Nagelfeile in die Hand gespielt hat, und durch diese
geringfügige Handlung des Nagelfeilens hat er symbolisch
tausend soziale Stufen übersprungen. Ein Hund, der einem fliegenden Kinderball nachhetzt und vor dem leblos
liegenden Gegenstand Halt macht und nicht begreifen
kann, wie so ein dummes hirnloses Gummiding lebendig
und witzig hüpfen kann, ist ein Held eines Augenblicksdra-
mas. Nur die Kleinigkeiten des Lebens sind wichtig.

Was kümmert mich, den Spaziergänger, der die Diago-
nale eines späten Frühlingstages durchmarschiert, die große Tragödie der Weltgeschichte? Die in den Leitartikeln
der Blätter niedergelegt ist? Und nicht einmal das Schicksal
eines Menschen, der ein Held sein könnte einer Tragödie,
der sein Weib verloren hat oder eine Erbschaft angetreten
oder seine Frau betrügt oder überhaupt mit irgendetwas
Pathetischem im Zusammenhang steht. Jedes Pathos ist im
Angesicht der mikroskopischen Ereignisse verfehlt, zweck-

los verpufft. Das Diminutiv der Teile ist eindrucksvoller, als die Monumentalität des Ganzen. Ich habe keinen Sinn mehr für die weite, allumfassende Armbewegung des Weltbühnenhelden. Ich bin ein Spaziergänger.

Vor einer Litfaßsäule, auf der Tatsachen, wie zum Beispiel Manoli-Zigaretten so groß angekündigt sind, als wären sie ein Ultimatum oder ein Memento mori, verliere ich den Respekt. Irgendwie, glaube ich, offenbart sich da die Zwecklosigkeit eines Ultimatums und einer Zigarette in der Art, in der beide zum Ausdruck kommen. Was sich groß ankündigt, ist gering an Gehalt und Gewicht. Und ich denke, dass nichts in dieser Zeit ist, was sich nicht groß ankündigte. Darin besteht ihre Größe. Ich sehe die Typographie zur Weltanschauung entwickelt. Das Wichtigste und das minder Wichtige und das Unwichtige sind nur wichtig, minder wichtig, unwichtig *erscheinende* Angelegenheiten. Nur aus ihrem Bild lesen wir den Wert ab, nicht aus ihrem Wesen. Das Ereignis der Woche ist dasjenige, das durch Druck, Geste, ausholende Armbewegung zum Ereignis der Woche ernannt wurde. Nichts *ist*, alles heißt. Vor dem Sonnenglanz aber, der rücksichtslos über Wand, Straße, Schiene sich ausbreitet, in Fenster hineinstrahlt, aus Scheibenglas tausendfach geballt, zurückstrahlt, verschwindet das aufgeplusterte Unwesentliche. Unwesentlich, glaube ich (durch den Druck, durch die Typographie als herrschende Weltanschauung irregeführt), ist alles, was wir wichtig und voll nehmen: die Manoli-Zigarette und das Ultimatum.

Am Ende der Stadt aber, wo, wie ich gehört habe, die Natur beginnen soll, ist nicht *sie* da, sondern die Lesebuch-Natur. Ich glaube, auch über die Natur ist zu viel schon gedruckt worden, als dass sie hätte bleiben können, was sie gewesen ist. An ihrer Stelle steht, breitet sich in der Umgebung der Städte die Begriff-Natur, der Naturbegriff, aus. Eine Frau, die am Waldrand einen zur Vorsicht für alle Fälle mitgenommenen Regenschirm vor die Augen hält, weitebetrachtend auf einen Fleck stößt, der ihr aus einem Wandgemälde bekannt vorkommt, ruft aus: Wie gemalt! Das ist die Unterstellung eines feststehenden eng umgrenzten, wohl beschriebenen Begriffs von der Natur als Malermodell. Die Unterstellung ist nicht so selten. Denn auch unser Verhältnis zur Natur ist ein unwahres geworden. Sie hat nämlich einen Zweck bekommen. Ihre Lebensaufgabe ist unser Amüsement. Sie besteht nicht mehr ihretwegen. Sie besteht eines Zweckes wegen. Sie hat im Sommer Wälder, in denen man schlummern kann, Seen zum Rudern, Wiesen zum Abgebranntwerden, Sonnenuntergänge zum Entzücken, Berge für die Touristik und Schönheiten für den Fremdenverkehr. Sie kam in den Baedeker.

Aber, was ich sehe, kam nicht in den Baedeker. Was ich sehe, ist das unerwartete plötzliche, ganz grundlose Auf- und Abschwingen einer Mückenschar um einen Baumstamm. Der Schattenriss eines holzbeladenen Menschen auf dem Wiesenpfad. Die dünne Physiognomie eines Jasminzweiges, über den Gartenmauerrand gelehnt. Das Verzittern einer fremden Kinderstimme in der Luft. Die unhörbare schlafende Melodie eines fernen, vielleicht sogar unwirklichen Lebens.

Menschen, die ich zum Naturgenuss wandern sehe, begreife ich nicht. Der Wald ist keine Diele. »Erholung« ist keine Notwendigkeit, wenn sie das bewusste Ziel des Wanderers ist. Die »Natur« ist keine Einrichtung.

Der Westeuropäer wandert in die »Natur« hinaus, wie er zu einem Kostümfest geht. Er hat ein Lodenjoppenverhältnis zur Natur. Ich sah Männer wandern, die Buchhalter sind. Sie brauchten keine Stöcke. Der Boden ist so eben und sanft, dass ein mäßiger Federhalter genügen würde. Er sieht aber nicht, der Mensch, den sanften, ebenen Boden. Er sieht »Natur«. Wenn er segeln wollte, so würde er vermutlich einen weißen Anzug aus Rohseide tragen, Erbstück seines Großvaters, der auch segelte. Er hört nicht den Plätscherklang der Welle und weiß nicht, dass wichtig das Zerplatzen einer Wasserblase ist. An dem Tage, an dem die Natur ein Kurort wurde, war's aus.

Infolge aller dieser Tatsachen ist mein Spaziergang der eines Griesgrams und vollständig verfehlt.

SIEGFRIED KRACAUER

Erinnerung an eine Pariser Straße

Straßen gibt es in allen Städten. Während sie aber sonstwo aus Trottoirs, Häuserreihen und leicht gewölbten Asphaltflächen bestehen, spotten sie in Paris der Zerlegung in die verschiedenen Elemente. Was immer sie seien: enge Schluchten, die in den Himmel einmünden, ausgetrocknete Flußläufe und blühende Steintäler – ihre Bestandteile sind ineinandergewachsen wie die Glieder von Lebewesen. Oft fließen die Seitenwände und Pflasterböden unmerklich zusammen, und ehe er sich's versieht, gerät der Träumende wie zu ebener Erde über senkrechte Mauern bis zu den Dä-

chern und weiter, immer weiter ins Dickicht der Schornsteine hinein. Auf diesen Routen trieb ich mich umher und
mußte in jedem Passanten den Eindruck eines ziellosen
Schlenderers erwecken. Und doch war ich, streng genommen, nicht ziellos. Ich glaubte ein Ziel zu haben, aber ich
hatte das Ziel zu meinem Unglück vergessen. Es war mir
zumute wie einem Menschen, der in seinem Gedächtnis
nach einem Wort sucht, das ihm auf den Lippen brennt,
und er kann es nicht finden. Von der Begierde erfüllt, endlich an den Ort zu gelangen, an dem mir das Vergessene
wieder einfiele, konnte ich nicht die kleinste Nebengasse
streifen, ohne sie zu betreten und hinter ihr um die Ecke zu
biegen. Am liebsten hätte ich sämtliche Höfe ergründet
und Zimmer für Zimmer durchforscht. Wenn ich so nach
allen Seiten spähte, aus der Sonne in die Schatten und wieder zurück nach dem Tag, hatte ich die deutliche Empfindung, daß ich mich, auf der Suche nach dem gewünschten
Ziel, nicht nur im Raum bewegte, sondern oft genug seine
Grenzen überschritt und in die Zeit eindrang. Ein gehei-
mer Schmugglerpfad führte ins Gebiet der Stunden und
Jahrzehnte, dessen Straßensystem ebenso labyrinthisch
angelegt war wie das der Stadt selber.

In den Außenbezirken

Am Nachmittag ging ich spazieren. Zum erstenmal, seitdem ich hier wohnte, ging ich stadtauswärts, in die Außenbezirke. Ich kam auf den Queens Boulevard und folgte ihm in Richtung Osten. Die Straße zog sich breit und gerade durch immer gleiche Viertel. Manchmal folgte Geschäft auf Geschäft, und ich hatte den Eindruck, in einer Art Zentrum zu sein, dann kam ich in Wohngegenden mit Mietshäusern oder kleinen, schäbigen Reihenhäusern. Ich ging über eine Brücke, unter der ein altes, überwuchertes Gleis lag. Ein umzäuntes Grundstück voller Schutt und Abfälle folgte, eine riesige Kreuzung ohne Ampeln und ohne Verkehr. Dann kam ich wieder zu einigen Geschäften und einer Querstraße, über die, wie ein Dach, eine Subway-Linie gebaut war. Die Weihnachtsdekorationen in den Schaufenstern und das von Wind und Regen zerzauste Lametta, das in den Straßen hing, wirkten schon jetzt wie Überbleibsel aus einer längst vergangenen Zeit.

Der Regen hatte nachgelassen, und ich blieb an der Straßenecke stehen, um mir eine Zigarette anzuzünden. Ich wußte nicht, ob ich weitergehen sollte. Da sprach mich eine junge Frau an und bat mich um Feuer. Sie sagte, es sei ihr Geburtstag. Wenn ich zwanzig Dollar hätte, könnten wir ein paar Sachen kaufen und ein kleines Fest machen.

»Es tut mir leid«, sagte ich. »Ich habe nicht soviel bei mir.«

Sie sagte, das sei egal, ich solle hier auf sie warten. Sie gehe einkaufen und komme dann zurück.

»Seltsam, daß du Weihnachten Geburtstag hast.«

»Ja«, sagte sie, als habe sie daran nicht gedacht, »das ist wahr.«

Sie ging die Straße hinunter, und ich wußte, daß sie nicht zurückkommen würde. Ich wußte, daß heute nicht ihr Geburtstag war, aber ich wäre trotzdem mit ihr gegangen, wenn ich genug Geld dabeigehabt hätte. Ich rauchte die Zigarette zu Ende und zündete mir eine zweite an. Dann machte ich mich auf den Weg zurück.

Gustave Caillebotte:
»Paar beim Spaziergang«, 1881

Promenades d'amour

Erinnerung

An C. N.

Jenes war zum letzten Male,
Dass ich mit dir ging, o Clärchen!
Ja, das war das letzte Mal,
Dass wir uns wie Kinder freuten.

Als wir eines Tages eilig
Durch die breiten, sonnenhellen,
Regnerischen Straßen, unter
Einem Schirm geborgen, liefen;
Beide heimlich eingeschlossen
Wie in einem Feenstübchen,
Endlich einmal Arm in Arme!

Wenig wagten wir zu reden,
Denn das Herz schlug zu gewaltig,
Beide merkten wir es schweigend,
Und ein jedes schob im Stillen
Des Gesichtes glühnde Röte
Auf den Widerschein des Schirmes.
Ach, ein Engel warst du da!
Wie du auf den Boden immer
Blicktest, und die blonden Locken
Um den hellen Nacken fielen.

»Jetzt ist wohl ein Regenbogen
Hinter uns am Himmel«, sagt' ich,
»Und die Wachtel dort im Fenster,
Deucht mir, schlägt noch eins so froh!«

Und im Weitergehen dacht ich
Unsrer ersten Jugendspiele,
Dachte an dein heimatliches
Dorf und seine tausend Freuden.
– »Weißt du auch noch«, frug ich dich,
»Nachbar Büttnermeisters Höfchen,
Wo die großen Kufen lagen,
Drin wir sonntags nach Mittag uns
Immer häuslich niederließen,
Plauderten, Geschichten lasen,
Während drüben in der Kirche
Kinderlehre war – (ich höre
Heute noch den Ton der Orgel
Durch die Stille ringsumher):
Sage, lesen wir nicht einmal
Wieder wie zu jenen Zeiten
– Just nicht in der Kufe, mein ich –
Den beliebten Robinson?«

Und du lächeltest und bogest
Mit mir um die letzte Ecke.
Und ich bat dich um ein Röschen,
Das du an der Brust getragen,
Und mit scheuen Augen schnelle
Reichtest du mir's hin im Gehen:
Zitternd hob ich's an die Lippen,

Küsst' es brünstig zwei- und dreimal;
Niemand konnte dessen spotten,
Keine Seele hat's gesehen,
Und du selber sahst es nicht.

An dem fremden Haus, wohin
Ich dich zu begleiten hatte,
Standen wir nun, weißt, ich drückte
Dir die Hand und –

Dieses war zum letzten Male,
Dass ich mit dir ging, o Clärchen!
Ja, das war das letzte Mal,
Dass wir uns wie Kinder freuten.

GOTTFRIED KELLER

Der grüne Heinrich

Wir gingen gemeinschaftlich bis an das Ende des Dorfes,
wo der Berg anhub, über welchen Anna zu gehen hatte.
Dort wurde Abschied genommen: Ich stand im Hintergrunde und sah, wie sie ihr Tuch zusammenfasste und sagte: »Ach, wer will nun eigentlich mit mir kommen?« In-
dessen die Mädchen schalten und sagten: »Nun, wenn der
Herr Maler so unartig ist, so muss aber jemand anders
Dich begleiten!« und ein Bruder rief: »Ei, wenn es sein
muss, so gehe ich schon mit, obgleich der Maler ganz Recht
hat, dass er nicht den Jungfernknecht spielt, wie ihr es im-

mer gern einführen möchtet!« Ich trat aber hervor und sagte barsch: »Ich habe gar nicht behauptet, dass ich es nicht tun wolle, und wenn es der Anna recht ist, so begleite ich sie schon.« »Warum sollte es mir nicht recht sein?«, erwiderte sie, und ich schickte mich an, neben ihr herzugehen. Allein die Übrigen riefen, ich müsste sie durchaus am Arme führen, da wir so feine Stadtleutchen seien, ich glaubte dies und schob meinen Arm in den ihrigen, sie zog ihn rasch zurück und fasste *mich* unter den Arm, sanft, aber entschieden, indem sie lächelnd nach dem spottenden Volke zurücksah; ich merkte meinen Fehler und schämte mich dergestalt, dass ich ohne zu sprechen den Berg hinanstürmte und das arme Kind mir beinahe nicht folgen konnte. Sie ließ sich dies nicht ansehen, sondern schritt tapfer aus, und sobald wir allein waren, fing sie ganz geläufig und sicher an zu plaudern über die Wege, welche sie mir zeigen musste, über das Feld, über den Wald, wem diese und jene Parzelle gehöre und wie es hier und dort vor wenigen Jahren noch gewesen sei. Ich wusste wenig zu erwidern, während ich aufmerksam zuhörte und jedes Wort wie einen Tropfen Muskatwein verschlang; meine Eile hatte schon nachgelassen, als wir die Höhe des Berges erreichten und auf seiner Ebene gemächlich dahingingen. Der funkelnde Sternhimmel hing weit gebreitet über dem Lande und doch war es dunkel auf dem Berge, und die Dunkelheit band uns näher zusammen, da wir, unsere Gesichter kaum sehend, einander auch besser zu hören glaubten, wenn wir uns fest zusammenhielten. Das Wasser rauschte vertraulich im fernen Tale, hier und da sahen wir ein mattes Licht auf der dunklen Erde glimmen, welche sich massenhaft mit ihrem schwarzen Schatten

vom Himmel sonderte, der sie am Rande mit einem blas-
sen Dämmergürtel umgab. Ich beachtete dieses Alles,
lauschte den Worten meiner Begleiterin und bedachte zugleich für mich meine Freude und meinen Stolz, eine Ge-
liebte am Arme zu führen, als welche ich sie ein für alle
Mal betrachtete. Wir sprachen nun ganz munter und auf-
geräumt von tausend Dingen, von gar nichts, dann wieder
mit wichtigen Worten von unseren gemeinsamen Ver-
wandten und ihren Verhältnissen, wie alte kluge Leute. Je
näher wir ihrer Wohnung kamen, deren Licht bereits in
der Tiefe glühte wie ein Leuchtwurm, desto sicherer und
lauter wurde Anna, ihre Stimme bimmelte unaufhörlich
und fein, gleich einem fernen Vesperglöckchen, ich setzte
ihren artigen Einfällen die besten meiner eigenen Erfindung entgegen, und doch hatten wir uns den ganzen
Abend noch nie unmittelbar angeredet und das Du war
seit jenem einen Male nie mehr zwischen uns gefallen.
Wir hüteten es, wenigstens ich, im Herzen gleich einem
goldenen Sparpfennige, den man auszugeben gar nicht nö-
tig hat; oder es schwebte wie ein Stern weit vor uns in
neutraler Mitte, nach welchem sich unsere Reden und Be-
ziehungen richteten und sich dort vereinigten, wie zwei
Linien in einem Punkte, ohne sich vorher unzart zu berühren.

Dämmergang

Du lebst meerüber
In blauer Ferne
Und du besuchst mich
Beim ersten Sterne.

Ich mach im Felde
Die Dämmerrunde,
Umbellt, umsprungen
Von meinem Hunde.

Es rauscht im Dickicht,
Es webt im Düster,
Auf meine Wange
Haucht warm Geflüster.

Das Weggeleite
Wird trauter, trauter,
Du schmiegst dich näher,
Du plauderst lauter.

Da gibt's zu schelten,
Da gibt's zu fragen,
Und hell zu lachen
Und leis zu klagen.

Was wedelt Barry
So glückverloren?
Du kraust dem Liebling
Die weichen Ohren …

Die Kleine

Und plaudernd hing sie mir am Arm;
Sie halberschlossen nur dem Leben;
Ich zwar nicht alt, doch aber dort,
Wo uns verlässt die Jugend eben.

Wir wandelten hinauf, hinab
Im dämmergrünen Gang der Linden;
Sie sah mich froh und leuchtend an,
Sie wusste nicht, es könne zünden;

Ihr ahnte keine Möglichkeit,
Kein Wort von so verwegnen Dingen,
Wodurch es selbst die tiefste Kluft
Verlockend wird zu überspringen.

MAX DAUTHENDEY

Wir gehen am Meer im tiefen Sand

Wir gehen am Meer im tiefen Sand,
Die Schritte schwer und Hand in Hand.
Das Meer geht ungeheuer mit,
Wir werden kleiner mit jedem Schritt.
Wir werden endlich winzig klein
Und treten in eine Muschel ein.
Hier wollen wir tief wie Perlen ruhn,
Und werden stets schöner, wie die Perlen tun.

OTTO JULIUS BIERBAUM

Nachtgang

Wir gingen durch die dunkle, milde Nacht,
Dein Arm in meinem,
Dein Auge in meinem;
Der Mond goss silbernes Licht
Über dein Angesicht;
Wie auf Goldgrund ruhte dein schönes Haupt,
Und du erschienst mir wie eine Heilige: mild,
Mild und groß und seelenübervoll,
Gütig und rein wie die liebe Sonne.
Und in die Augen
Schwoll mir ein warmer Drang,
Wie Tränenahnung.
Fester fasst ich dich
Und küsste –
Küsste dich ganz leise, – meine Seele
Weinte.

Spaziergang

Er.

In des Feldes gelben Haaren
Wühlt der Abendwind,
Komm, aus Staub und Qualm der Gassen
Eilen wir geschwind.

Licht des Abends, rosenhelle
Wie der Zukunft Licht,
Taucht in eine goldne Welle
Haar und Angesicht.

Arm in Arm, ein selig Wandern!
Vor uns Rosenschein!
Wandern in den offnen Himmel
Gradeswegs hinein.

Sie.

Liebster, weißt du was mich eben
Wundersam beschlich,
Wie Erinn'rung grau und dämmernd?
Doppelt sah ich mich.

Denn mir war's als sei ich einmal
So von Glut umhaucht,
In dieselben Ährenfelder
Schon mit dir getaucht.

Bist du mir im Traum erschienen,
Eh' mein Aug' dich sah,
Oder war auf andern Sternen
Dieser Tag schon da?

GEORG HEYM

Der Gang der Liebenden

Sie wandeln Hand in Hand auf den verschlungnen
                    toten Wegen
Des späten Sommers blasser Sonne nach,
Und treten sich wie in der Mainacht einst zu kurzem
                    Spiel entgegen,
Doch ruft ihr karges Lächeln nicht der stummen
                    Vögel Stimmen wach.

Und bald verstört sie schon des Laubes Rascheln
                    auf den Pfaden,
Der Grabgeruch von brauner Blätter Statt,
Des dünnen Schilfwalds Lied von des verwachsnen
                    Teichs Gestaden,
Der trocknen Frucht geraumes Falln durch frühen
                    Herbstes Stille matt.

Sie fliehn erschreckt hinaus und suchen nach
    vergessnem Blühen,
Des Sommers letzter Rast auf seiner Flucht,
Sie treten aus dem Park und sehn in spätem Glanz
    verglühen
Die fernen Wiesen in des bunten Hochwalds tiefer Bucht.

HEDWIG LACHMANN

Spaziergang

Die Sonne steht schon tief. Wir scheiden bald.
Leis sprüht der Regen. Horch! Die Meise klagt.
Wie dunkel und verschwiegen ist der Wald!
Du hast das tiefste Wort mir nicht gesagt. –

Zwei helle Birken an der Waldeswand.
Ein Spinngewebe zwischen beiden, sieh!
Wie ist es zart von Stamm zu Stamm gespannt!
Was uns zutiefst bewegt, wir sagen's nie. –

Fühlst du den Hauch? Ein Zittern auf dem Grund
Des Sees. Die glatte Oberfläche bebt.
Wie Schatten weht es auch um unsern Mund –
Wir haben wahrhaft nur im Traum gelebt. –

Abendpromenade

Das war ein langer Weg mit jungen Bäumen,
unweit des Hauses, den wir jenen Abend
so unermüdlich auf und nieder gingen,
so zärtlich Arm in Arm; ich weiß noch, wie du
den deinen unter meinen Mantel schmiegtest,
dass dir sein Flügel halb die Schulter hüllte.
Was schwatzten wir nicht alles da! Du klagtest
von Sorgen, die zu früh dir zugemessen,
ich kam dir philosophisch, treu dich lehrend,
was grade mir an Weisheit aufgegangen;
dazwischen wehten milde Abendwinde,
und unten lag der See in mattem Glanze.
Und weißt du auch noch, wie ein altes Weibchen
uns lächelnd als ein junges Brautpaar grüßte
und wir ihm fromm doch fruchtlos widersprachen?
Ach, Herz, wenn ich an diesen Abend denke
und an den kleinen Weg mit jungen Bäumen,
dann möcht ich jeden Lufthauch für dich bitten,
er mög dir all des Glückes Träger werden,
das ich dir wünsche, Tapfre, Liebe, Gute!

PAULA LUDWIG

Abendwanderung

Du sprichst, du sprichst zu mir!

Ich höre, und demütig senkt
meine Schulter sich neben der deinen.

Du schreitest schlicht durch die Dämmerung.

An deiner Seite steht mein Herz offen,
und Schalen sind meine Hände.

Ich gehe behutsam neben dir,
daß ich nicht trete auf deinen Schatten.

GERTRUD KOLMAR

Spaziergang

Komm, wir wollen unter Bäume gehn,
Die voll blanker Gummibälle hängen,
Zu den Sträuchern, da sich Gerten drängen
Und als Blüten rote Kreisel drehn.

Komm, wir wollen in den Garten gehn,
Wo die kleinen Sammettiere weiden,
Viele Puppen, gelb- und lilaseiden,
Schlank auf feingeharkten Beeten stehn.

Blaue Hühner, die es gar nicht gibt,
Silberkämmig, suchen deine Hände,
Nehmen Bröckelbrot und Körnerspende
Furchtlos dankbar, weil das Kind sie liebt.

Aus der Düne, die am Meere steigt,
Kriechen Eimer, Kuchenform und Schippe,
Tritonshorn, das ungeübter Lippe
Seine allerschönsten Lieder zeigt.

Eisenbahnen stampfen ihren Reim,
Winken fröhlich mit zerzausten Haaren.
Willst du um den braunen Felsen fahren?
Jede Reise bringt dich wieder heim.

Denn vom Felsen springt Granatenwein,
Brausen Himbeer- und Zitronenwässer;
Grüne Maitrankblätter füllen Fässer,
Und das Honigkissen schwillt am Stein.

Koste, liebes Herz, und lass uns gehn,
Ampel zünden, Spiegeleier braten,
Deine Strümpfchen stopfen und beraten,
Was wir miteinander angesehn.

Spaziergänge in die Natur

Der Spaziergang

Sei mir gegrüßt mein Berg mit dem rötlich
            strahlenden Gipfel,
Sei mir Sonne gegrüßt, die ihn so lieblich bescheint,
Dich auch grüß ich belebte Flur, euch säuselnde Linden,
Und den fröhlichen Chor, der auf den Ästen sich wiegt,
Ruhige Bläue dich auch, die unermesslich sich ausgießt
Um das braune Gebirg, über den grünenden Wald,
Auch um mich, der endlich entflohn des Zimmers
            Gefängnis
Und dem engen Gespräch freudig sich rettet zu dir,
Deiner Lüfte balsamischer Strom durchrinnt mich
            erquickend,
Und den durstigen Blick labt das energische Licht,
Kräftig auf blühender Au erglänzen die wechselnden
            Farben,
Aber der reizende Streit löset in Anmut sich auf,
Frei empfängt mich die Wiese mit weithin
            verbreitetem Teppich,
Durch ihr freundliches Grün schlingt sich der
            ländliche Pfad,
Um mich summt die geschäftige Bien', mit zweifelndem
            Flügel
Wiegt der Schmetterling sich über dem rötlichten Klee,
Glühend trifft mich der Sonne Pfeil, still liegen die Weste,
Nur der Lerche Gesang wirbelt in heiterer Luft.
Doch jetzt braust's aus dem nahen Gebüsch,
            tief neigen der Erlen

Kronen sich, und im Wind wogt das versilberte Gras,
Mich umfängt ambrosische Nacht; in duftende Kühlung
Nimmt ein prächtiges Dach schattender Buchen mich ein,
In des Waldes Geheimnis entflieht mir auf einmal
        die Landschaft,
Und ein schlängelnder Pfad leitet mich steigend empor.
Nur verstohlen durchdringt der Zweige laubigtes Gitter
Sparsames Licht, und es blickt lachend das Blaue herein.
Aber plötzlich zerreißt der Flor. Der geöffnete Wald gibt
Überraschend des Tags blendendem Glanz mich zurück.
Unabsehbar ergießt sich vor meinen Blicken die Ferne,
Und ein blaues Gebirg endigt im Dufte die Welt.
Tief an des Berges Fuß, der gählings unter mir abstürzt,
Wallet des grünlichten Stroms fließender Spiegel vorbei.
Endlos unter mir seh ich den Äther, über mir endlos,
Blicke mit Schwindeln hinauf, blicke mit Schaudern hinab,
Aber zwischen der ewigen Höh' und der ewigen Tiefe
Trägt ein geländerter Steig sicher den Wandrer dahin.
Lachend fliehen an mir die reichen Ufer vorüber,
Und den fröhlichen Fleiß rühmet das prangende Tal.
Jene Linien, sieh! die des Landmanns Eigentum scheiden,
In den Teppich der Flur hat sie Demeter gewirkt.
Freundliche Schrift des Gesetzes, des
        menschenerhaltenden Gottes,
Seit aus der ehernen Welt fliehend die Liebe verschwand,
Aber in freieren Schlangen durchkreuzt die
        geregelten Felder
Jetzt verschlungen vom Wald, jetzt an den Bergen hinauf
Klimmend, ein schimmernder Streif, die Länder
        verknüpfende Straße,
Auf dem ebenen Strom gleiten die Flöße dahin,

Vielfach ertönt der Herden Geläut im belebten Gefilde,
Und den Widerhall weckt einsam des Hirten Gesang.
Muntre Dörfer bekränzen den Strom, in Gebüschen
        verschwinden
Andre, vom Rücken des Bergs stürzen sie gäh dort herab.
Nachbarlich wohnet der Mensch noch mit dem Acker zu-
        sammen,
Seine Felder umruhn friedlich sein ländliches Dach,
Traulich rankt sich die Reb' empor an dem
        niedrigen Fenster,
Einen umarmenden Zweig schlingt um die Hütte
        der Baum,
Glückliches Volk der Gefilde! Noch nicht zur Freiheit
        erwachet,
Teilst du mit deiner Flur fröhlich das enge Gesetz.
Deine Wünsche beschränkt der Ernten ruhiger Kreislauf,
Wie dein Tagewerk, gleich, windet dein Leben sich ab!
Aber wer raubt mir auf einmal den lieblichen Anblick?
        Ein fremder
Geist verbreitet sich schnell über die fremdere Flur!
Spröde sondert sich ab, was kaum noch liebend
        sich mischte,
Und das Gleiche nur ist's, was an das Gleiche sich reiht.
Stände seh ich gebildet, der Pappeln stolze Geschlechter
Ziehn in geordnetem Pomp vornehm und prächtig daher,
Regel wird alles und alles wird Wahl und alles Bedeutung,
Dieses Dienergefolg meldet den Herrscher mir an.
Prangend verkündigen ihn von fern die beleuchteten
        Kuppeln,
Aus dem felsigten Kern hebt sich die türmende *Stadt*.
In die Wildnis hinaus sind des Waldes Faunen verstoßen,

Aber die Andacht leiht höheres Leben dem Stein.
Näher gerückt ist der Mensch an den Menschen.
                    Enger wird um ihn,
Reger erwacht, es umwälzt rascher sich in ihm die Welt.
Sieh, da entbrennen in feurigem Kampf die
                    eifernden Kräfte,
Großes wirket ihr Streit, Größeres wirket ihr Bund.
Tausend Hände belebt Ein Geist, hoch schläget in tausend
Brüsten, von einem Gefühl glühend, ein einziges Herz,
Schlägt für das Vaterland und glüht für der Ahnen Gesetze,
Hier auf dem teuren Grund ruht ihr verehrtes Gebein.
Nieder steigen vom Himmel die seligen Götter,
                    und nehmen
In dem geweihten Bezirk festliche Wohnungen ein,
Herrliche Gaben bescherend erscheinen sie;
                    Ceres vor allen
Bringet des Pfluges Geschenk, Hermes den Anker herbei,
Bacchus die Traube, Minerva des Ölbaums
                    grünende Reiser,
Auch das kriegrische Ross führet Poseidon heran,
Mutter Cybele spannt an des Wagens Deichsel die Löwen,
In das gastliche Tor zieht sie als Bürgerin ein.
Heilige Steine! Aus euch ergossen sich Pflanzer
                    der Menschheit,
Fernen Inseln des Meers sandtet ihr Sitten und Kunst,
Weise sprachen das Recht an diesen geselligen Toren,
Helden stürzten zum Kampf für die Penaten heraus.
Auf den Mauren erschienen, den Säugling im Arme,
                    die Mütter
Blickten dem Heerzug nach, bis ihn die Ferne verschlang.

Betend stürzten sie dann vor der Götter Altären
                 sich nieder,
Flehten um Ruhm und Sieg, flehten um Rückkehr
                 für euch.
Ehre ward euch und Sieg, doch der Ruhm nur kehrte
                 zurücke,
Eurer Taten Verdienst meldet der rührende Stein:
»Wanderer, kommst du nach Sparta, verkündige dorten,
                 du habest
Uns hier liegen gesehn, wie das Gesetz es befahl.«
Ruhet sanft ihr Geliebten! Von eurem Blute begossen
Grünet der Ölbaum, es keimt lustig die köstliche Saat.
Munter entbrennt, des Eigentums froh, das freie Gewerbe,
Aus dem Schilfe des Stroms winket der bläulichte Gott.
Zischend fliegt in den Baum die Axt, es erseufzt
                 die Dryade,
Hoch von des Berges Haupt stürzt sich die donnernde Last.
Aus dem Felsbruch wiegt sich der Stein, vom Hebel
                 beflügelt,
In der Gebirge Schlucht taucht sich der Bergmann hinab.
Mulcibers Ambos tönt von dem Takt geschwungener
                 Hämmer,
Unter der nervigten Faust sprützen die Funken des Stahls,
Glänzend umwindet der goldne Lein die tanzende Spindel,
Durch die Saiten des Garns sauset das webende Schiff,
Fern auf der Reede ruft der Pilot, es warten die Flotten,
Die in der Fremdlinge Land tragen den heimischen Fleiß,
Andre ziehn frohlockend dort ein, mit den Gaben der Ferne,
Hoch von dem ragenden Mast wehet der festliche Kranz.
Siehe da wimmeln die Märkte, der Kran von fröhlichem
                 Leben,

Seltsamer Sprachen Gewirr braust in das wundernde Ohr.
Auf den Stapel schüttet die Ernten der Erde der Kaufmann,
Was dem glühenden Strahl Afrikas Boden gebiert,
Was Arabien kocht, was die äußerste Thule bereitet,
Hoch mit erfreuendem Gut füllt Amalthea das Horn.
Da gebieret das Glück dem Talente die göttlichen Kinder,
Von der Freiheit gesäugt wachsen die Künste der Lust.
Mit nachahmendem Leben erfreuet der Bildner die Augen,
Und vom Meißel beseelt redet der fühlende Stein,
Künstliche Himmel ruhn auf schlanken ionischen Säulen,
Und den ganzen Olymp schließet ein Pantheon ein,
Leicht wie der Iris Sprung durch die Luft, wie der Pfeil
                    von der Sehne
Hüpfet der Brücke Joch über den brausenden Strom.
Aber im stillen Gemach entwirft bedeutende Zirkel
Sinnend der Weise, beschleicht forschend den
                    schaffenden Geist,
Prüft der Stoffe Gewalt, der Magnete Hassen und Lieben,
Folgt durch die Lüfte dem Klang, folgt durch den Äther
                    dem Strahl,
Sucht das vertraute Gesetz in des Zufalls grausenden
                    Wundern,
Sucht den ruhenden Pol in der Erscheinungen Flucht.
Körper und Stimme leiht die Schrift dem stummen
                    Gedanken,
Durch der Jahrhunderte Strom trägt ihn das redende Blatt.
Da zerrinnt vor dem wundernden Blick der Nebel
                    des Wahnes,
Und die Gebilde der Nacht weichen dem tagenden Licht.
Seine Fesseln zerbricht der Mensch. Der Beglückte!
                    Zerriss er

Mit den Fesseln der Furcht nur nicht den Zügel der Scham!
Freiheit ruft die Vernunft, Freiheit die wilde Begierde,
Von der heil'gen Natur ringen sie lüstern sich los.
Ach, da reißen im Sturm die Anker, die an dem Ufer
Warnend ihn hielten, ihn fasst mächtig der flutende Strom,
Ins Unendliche reißt er ihn hin, die Küste verschwindet,
Hoch auf der Fluten Gebirg wiegt sich entmastet der Kahn,
Hinter Wolken erlöschen des Wagens beharrliche Sterne,
Bleibend ist nichts mehr, es irrt selbst in dem Busen der Gott.
Aus dem Gespräche verschwindet die Wahrheit,
            Glauben und Treue
Aus dem Leben, es lügt selbst auf der Lippe der Schwur.
In der Herzen vertraulichsten Bund, in der Liebe Geheimnis
Drängt sich der Sykophant, reißt von dem Freunde
            den Freund,
Auf die Unschuld schielt der Verrat mit verschlingendem
            Blicke,
Mit vergiftendem Biss tötet des Lästerers Zahn.
Feil ist in der geschändeten Brust der Gedanke, die Liebe
Wirft des freien Gefühls göttlichen Adel hinweg,
Deiner heiligen Zeichen, o Wahrheit, hat der Betrug sich
Angemaßt, der Natur köstlichste Stimmen entweiht,
Die das bedürftige Herz in der Freude Drang sich erfindet,
Kaum gibt wahres Gefühl noch durch Verstummen
            sich kund.
Auf der Tribüne prahlet das Recht, in der Hütte die Eintracht,
Des Gesetzes Gespenst steht an der Könige Thron,
Jahre lang mag, Jahrhunderte lang die Mumie dauern,
Mag das trügende Bild lebender Fülle bestehn,
Bis die Natur erwacht, und mit schweren ehernen Händen
An das hohle Gebäu rühret die Not und die Zeit,

Einer Tigerin gleich, die das eiserne Gitter durchbrochen
Und des numidischen Walds plötzlich und schrecklich
gedenkt,
Aufsteht mit des Verbrechens Wut und des Elends
die Menschheit,
Und in der Asche der Stadt sucht die verlorne Natur.
O so öffnet euch Mauren, und gebt den Gefangenen ledig,
Zu der verlassenen Flur kehr' er gerettet zurück!
Aber wo bin ich? Es birgt sich der Pfad. Abschüssige Gründe
Hemmen mit gähnender Kluft hinter mir, vor mir
den Schritt.
Hinter mir blieb der Gärten, der Hecken vertraute
Begleitung,
Hinter mir jegliche Spur menschlicher Hände zurück.
Nur die Stoffe seh ich getürmt, aus welchen das Leben
Keimet, der rohe Basalt hofft auf die bildende Hand,
Brausend stürzt der Gießbach herab durch die Rinne
des Felsens
Unter den Wurzeln des Baums bricht er entrüstet sich Bahn.
Wild ist es hier und schauerlich öd. Im einsamen Luftraum
Hängt nur der Adler, und knüpft an das Gewölke die Welt.
Hoch herauf bis zu mir trägt keines Windes Gefieder
Den verlorenen Schall menschlicher Mühen und Lust.
Bin ich wirklich allein? In deinen Armen, an deinem
Herzen wieder, Natur, ach! und es war nur ein Traum,
Der mich schaudernd ergriff, mit des Lebens
furchtbarem Bilde,
Mit dem stürzenden Tal stürzte der finstre hinab.
Reiner nehm ich mein Leben von deinem reinen Altare,
Nehme den fröhlichen Mut hoffender Jugend zurück!
Ewig wechselt der Wille den Zweck und die Regel, in ewig

Wiederholter Gestalt wälzen die Taten sich um.
Aber jugendlich immer, in immer veränderter Schöne
Ehrst du, fromme Natur, züchtig das alte Gesetz,
Immer dieselbe, bewahrst du in treuen Händen dem Manne,
Was dir das gaukelnde Kind, was dir der Jüngling vertraut,
Nährest an gleicher Brust die vielfach wechselnden Alter;
Unter demselben Blau, über dem nämlichen Grün
Wandeln die nahen und wandeln vereint die fernen
               Geschlechter,
Und die Sonne Homers, siehe! sie lächelt auch uns.

JAKOB MICHAEL REINHOLD LENZ

Die erste Frühlingspromenade

Der Baum, der mir den Schatten zittert,
Der Quell, der mir sein Mitleid rauscht,
Der Vogel, der im Baume zwittert,
Und, ob ich ihn auch höre, lauscht;
Die ganze freundliche Natur
Nimmt mich umsonst in ihre Kur.

Die Weisheit, strengen Angesichtes
Und guten Herzens, aber kalt,
Lacht meines glühenden Gedichtes
Von Liebe – und doch glaubt sie's bald;
Will mich entzaubern, trösten mich,
Bezaubert und verirret sich.

Die Schöne, die auf jungen Rosen
Des liebesbangen Maien liegt,
Von der, dem Kummer liebzukosen,
Mir Blick und Wunsch entgegenfliegt,
Die schraubt mein mir entrücktes Herz
Nur höher auf zu wilderm Schmerz.

Ach Phyllis! um gleich jenen Knaben
In Sturmhaub und Perück und Stern,
So froh die Fluren zu durchtraben,
Müsst ich von diesen weisen Herrn
Die Kälte und die Blindheit haben;
Müsst ich, in meinem Selbst vergraben,
Dich, Gottheit, nie gesehen haben;
So hold, so nah mir – und so fern – –

JOHANN WOLFGANG GOETHE

Die Leiden des jungen Werther

Am 21. Junius.

Ich lebe so glückliche Tage, wie sie Gott seinen Heiligen
ausspart; und mit mir mag werden was will, so darf ich
nicht sagen, dass ich die Freuden, die reinsten Freuden des
Lebens nicht genossen habe. – Du kennst mein Wahlheim;
dort bin ich völlig etabliert, von da habe ich nur eine halbe
Stunde zu Lotten, dort fühl ich mich selbst und alles Glück,
das dem Menschen gegeben ist.

Hätt ich gedacht, als ich mir Wahlheim zum Zwecke
meiner Spaziergänge wählte, dass es so nahe am Himmel
läge! Wie oft habe ich das Jagdhaus, das nun alle meine
Wünsche einschließt, auf meinen weiten Wanderungen,
bald vom Berge, bald von der Ebne über den Fluss gesehn!

Lieber Wilhelm, ich habe allerlei nachgedacht, über die
Begier im Menschen, sich auszubreiten, neue Entdeckun-
gen zu machen, herumzuschweifen; und dann wieder über
den innern Trieb, sich der Einschränkung willig zu erge-
ben, in dem Gleise der Gewohnheit so hinzufahren, und
sich weder um Rechts noch um Links zu bekümmern.

Es ist wunderbar: wie ich hierher kam und vom Hügel in
das schöne Tal schaute, wie es mich rings umher anzog. –
Dort das Wäldchen! – Ach könntest du dich in seine Schatten mischen! – Dort die Spitze des Berges! – Ach könntest
du von da die weite Gegend überschauen! – Die ineinander
geketteten Hügel und vertraulichen Täler! – O könnte ich
mich in ihnen verlieren! – – Ich eilte hin, und kehrte zurück, und hatte nicht gefunden, was ich hoffte. O es ist mit
der Ferne wie mit der Zukunft! ein großes dämmerndes
Ganze ruht vor unserer Seele, unsere Empfindung verschwimmt darin wie unser Auge, und wir sehnen uns, ach!
unser ganzes Wesen hinzugeben, uns mit aller Wonne eines einzigen, großen, herrlichen Gefühls ausfüllen zu lassen. – Und ach! wenn wir hinzueilen, wenn das Dort nun
Hier wird, ist alles vor wie nach, und wir stehen in unserer
Armut, in unserer Eingeschränktheit, und unsere Seele
lechzt nach entschlüpftem Labsale.

So sehnt sich der unruhigste Vagabund zuletzt wieder
nach seinem Vaterlande, und findet in seiner Hütte, an der
Brust seiner Gattin, in dem Kreise seiner Kinder, in den

Geschäften zu ihrer Erhaltung die Wonne, die er in der weiten Welt vergebens suchte.

Wenn ich des Morgens mit Sonnenaufgange hinausgehe nach meinem Wahlheim, und dort im Wirtsgarten mir meine Zuckererbsen selbst pflücke, mich hinsetze, sie abfädne und dazwischen in meinem Homer lese; wenn ich denn in der kleinen Küche mir einen Topf wähle, mir Butter aussteche, Schoten ans Feuer stelle, zudecke, und mich dazusetze, sie manchmal umzuschütteln: Da fühl ich so lebhaft, wie die übermütigen Freier der Penelope Ochsen und Schweine schlachten, zerlegen und braten. Es ist nichts, das mich so mit einer stillen wahren Empfindung ausfüllte, als die Züge patriarchalischen Lebens, die ich, Gott sei Dank, ohne Affektation in meine Lebensart verweben kann.

Wie wohl ist mir's, dass mein Herz die simple harmlose Wonne des Menschen fühlen kann, der ein Krauthaupt auf seinen Tisch bringt, das er selbst gezogen, und nun nicht den Kohl allein, sondern all die guten Tage, den schönen Morgen, da er ihn pflanzte, die lieblichen Abende, da er ihn begoss, und da er an dem fortschreitenden Wachstum seine Freude hatte, alle in *einem* Augenblicke wieder mitgenießt.

Der Spaziergang

Ihr Wälder schön an der Seite,
Am grünen Abhang gemahlt,
Wo ich umher mich leite,
Durch süße Ruhe bezahlt
Für jeden Stachel im Herzen,
Wenn dunkel mir ist der Sinn,
Den Kunst und Sinnen hat Schmerzen
Gekostet von Anbeginn.
Ihr lieblichen Bilder im Tale,
Zum Beispiel Gärten und Baum,
Und dann der Steg der schmale,
Der Bach zu sehen kaum,
Wie schön aus heiterer Ferne
Glänzt Einem das herrliche Bild
Der Landschaft, die ich gerne
Besuch' in Witterung mild.
Die Gottheit freundlich geleitet
Uns erstlich mit Blau,
Hernach mit Wolken bereitet,
Gebildet wölbig und grau,
Mit sengenden Blitzen und Rollen
Des Donners, mit Reiz des Gefilds,
Mit Schönheit, die gequollen
Vom Quell ursprünglichen Bilds.

Morgenlied

Sei stark, getreues Herze!
Lass ab von Angst und Schmerze!
Steh auf und geh mit mir,
Viel Freude zeig ich dir.

Die Lerchen jubilieren,
Und fröhlich musizieren
Aus grünem frischem Wald,
Von Stimmlein mannigfalt.

Geschmückt mit Edelsteinen
Die Erd in bunten Scheinen
Als junge fromme Braut
Dir froh ins Herze schaut.

Im Garten zu spazieren
Die Blumen mich verführen,
Die Augen aus dem Grün,
Das Quellen und das Blühn.

Maria, schöne Rose!
Wie stünd ich freudenlose,
Hätt ich nicht dich ersehn
Vor allen Blumen schön.

Nun lass den Sommer gehen,
Lass kommen Wind und Schneen;
Bleibt diese Rose mein,
Wie könnt ich traurig sein?

Der Sommerfaden

Da fliegt, als wir im Felde gehen,
Ein Sommerfaden über Land,
Ein leicht und licht Gespinst der Feen,
Und knüpft von mir zu ihr ein Band.
Ich nehm ihn für ein günstig Zeichen,
Ein Zeichen, wie die Lieb' es braucht.
O Hoffnungen der Hoffnungsreichen,
Aus Duft gewebt, von Luft zerhaucht!

NIKOLAUS LENAU

Liebesfrühling

Ich sah den Lenz einmal
Erwacht im schönsten Tal;
Ich sah der Liebe Licht
Im schönsten Angesicht.

Und wandl' ich nun allein
Im Frühling durch den Hain,
Erscheint aus jedem Strauch
Ihr Angesicht mir auch.

Und seh ich sie am Ort,
Wo längst der Frühling fort,
So sprießt ein Lenz und schallt
Um ihre süße Gestalt.

Spaziergang im Regenwetter

»Wirst du nie die Lust verlieren?
Auch im schlechten Wetter gehst du nun spazieren?«
    Soll ich wohl zu Hause bleiben,
Weil heut über meine Wälder Wolken treiben?
    Sind's nicht auch im schlechten Wetter
Meine Pflanzen, meine Bäume, meine Blätter?
    Und vom Wetter unvertrieben
Ist mein Freund, der Kuckuck, auch im Wald geblieben.
    Und der Geier gehet jagen,
Und der Jäger. Und ich selbst, in frühern Tagen,
    Durfte nicht dem Wetter weichen,
Einem Liebchen auf den Fluren nachzuschleichen.
    Und es sind die Liebespuren
Dort noch, denen einst ich nachging, auf den Fluren.
    Weggegangen sind die Lieben,
Doch die Liebe zu der Flur ist mir geblieben.

Der Nachsommer

Ich schlug die Richtung nach Süden ein, wie ich überhaupt
sehr gerne bei dem Beginne eines Spazierganges so gehe,
dass ich leicht nach Mittag sehe, das Licht vor mir habe, und
in den schöneren Glanz und die lieblichere Färbung der
Wolken blicken kann. Der Himmel war wie gestern ganz
heiter, die Sonne stand in seinem östlichen Teile, und begann die Tropfen, welche an allen Gräsern und an dem Laube der Bäume hingen, aufzusaugen. Die Morgenkühle war
noch nicht vergangen, obwohl der Einfluss der Sonne immer mehr und mehr bemerkbar wurde. Ich sah mit neuen
Augen auf alle Dinge um mich, es schien, als hätten sie sich
verjüngt, und als müsste ich mich wieder allmählich an ihren Anblick gewöhnen. Ich kam auf die Anhöhe, und sah
auf den langen Zug der Gebirge. Die blauen Spitzen blickten auf mich herüber, und die vielen Schneefelder zeigten
mir ihren feinen Glanz. Ich sah auch die Berghäupter an
dem Kargrat, wo ich zuletzt gearbeitet hatte. Mir war, als
wäre es schon viele Jahre, seit ich in jenen Eisfeldern und
Schneegründen gewesen war. Ich ließ, während ich so da-
stand, die milde Luft, den Glanz der Sonne und das Prangen der Dinge auf mich wirken. Sonst hatte ich immer irgendein Buch in meine Tasche gesteckt, wenn ich in der
Gegend herum gehen wollte; heute hatte ich es nicht ge-
tan. Mir war jetzt nicht, als sollte ich irgendein Buch lesen.
Ich ging nach einer Weile wieder an den Bäumen dahin, an
denen schon die mannigfaltigen Äpfel hingen, die jeder
nach seiner Art brachte, und die schon hie und da ihre ei-

gentümliche Farbe zu erhalten begannen. Ich ging so lange auf der Anhöhe des Felderrückens fort, bis sie sich leicht zu senken anfing, über welche Senkung der Weg noch hinabgeht, um in dem Tale an der Grenze eines fremden Gutes zu enden, oder vielmehr in einen anderen Weg überzugehen, der die Eigenschaften aller jener Fußwege hat, die in unzähligen Richtungen unser Land durchziehen, und auf deren taugliche Beschaffenheit, Verbesserung oder Verschönerung niemand denkt. Ich ging auf der Senkung des Weges nicht mehr hinunter, weil ich nicht talwärts kommen wollte, wo die Blicke beengt sind.

Ich wendete mich um, und hatte den Anblick des Schlosses vor mir, welches jetzt von solcher Bedeutung für mich geworden war. Die Fenster schimmerten in dem Glanze der Sonne, das Grau der von der Tünche befreiten südlichen Mauer schaute sanft zu mir herüber, das dunkle Dach hob sich von der Bläue der nördlichen Luft ab, und ein leichter Rauch stieg von einigen seiner Schornsteine auf.

Ich ging langsam auf dem Rücken des Feldes an den Obstbäumen vorüber meines Weges zurück, bis er sachte gegen das Schloss abwärts zu gehen begann.

An dieser Stelle sah ich jetzt, dass mir eine Gestalt, welche mir früher durch Baumkronen verdeckt gewesen sein mochte, entgegenkam, welche die Gestalt Nataliens war. Wir gingen beide schneller, als wir uns erblickten, um uns früher zu erreichen. Da wir nun zusammentrafen, blickte mich Natalie mit ihren großen dunklen Augen freundlich an, und reichte mir die Hand. Ich empfing sie, drückte sie herzlich, und sagte einen innigen Gruß.

»Es ist recht schön«, sprach sie, »dass wir gleichzeitig ei-

nen Weg gehen, den ich heute schon einmal gehen wollte,
und den ich jetzt wirklich gehe.«

»Wie habt Ihr denn die Nacht zugebracht, Natalie?«,
fragte ich.

»Ich habe sehr lange den Schlummer nicht gefunden«,
antwortete sie, »dann kam er doch in sehr leichter flüchtiger Gestalt. Ich erwachte bald, und stand auf. Am Morgen
wollte ich auf diesen Weg heraus gehen, und ihn bis über
die Felderanhöhe fortsetzen; aber ich hatte ein Kleid angezogen, welches zu einem Gange außer dem Hause nicht
tauglich war. Ich musste mich daher später umkleiden, und
ging jetzt heraus, um die Morgenluft zu genießen.«

Ich sah wirklich, dass sie das lichte graue Kleid mit den
feinen tiefroten Streifen nicht mehr an habe, sondern ein
einfacheres kürzeres mattbraunes trage. Jenes Kleid wäre
freilich zu einem Morgenspaziergange nicht tauglich gewesen, weil es in reichen Falten fast bis auf den Fußboden nieder ging. Sie hatte jetzt einen leichten Strohhut auf dem
Haupte, welchen sie immer bei ihren Wanderungen durch
die Felder trug. Ich fragte sie, ob sie glaube, dass noch so
viel Zeit vor dem Frühmahle sei, dass sie über die Felderanhöhe hinaus und wieder in das Schloss zurückkommen
könne.

»Wohl ist noch so viel Zeit«, erwiderte sie, »ich wäre ja
sonst nicht fortgegangen, weil ich eine Störung in der
Hausordnung nicht verursachen möchte.«

»Dann erlaubt Ihr wohl, dass ich Euch begleite«, sagte
ich.

»Es wird mir sehr lieb sein«, antwortete sie.

Ich begab mich an ihre Seite, und wir wandelten den
Weg, den ich gekommen war, zurück.

Ich hätte ihr sehr gerne meinen Arm angeboten; aber ich
hatte nicht den Mut dazu.

Wir gingen langsam auf dem feinen Sandwege dahin, an
einem Baumstamme nach dem andern vorüber, und die
Schatten, welche die Bäume auf den Weg warfen, und die
Lichter, welche die Sonne dazwischen legte, wichen hinter
uns zurück.

DETLEV VON LILIENCRON

Mein täglicher Spaziergang

Nur ein paar Birken, Einsamkeit und Leere,
Ein Sumpf, geheimnisvoll, ein Fleckchen Heide,
Der Kiebitz gibt mir im April die Ehre,
Im Winter Raben, Rauch und Reifgeschmeide,
Und niemals Menschen, keine Grande Misère,
Nichts, nichts von unserm ewigen Seelenleide.
Ich bin allein. Was einzig ich begehre?
Grast ihr für euch, und mir lasst meine Weide.

Auf leichten Füßen

So sein heitres Gleichgewicht
allem mitzuteilen,
in des Abends liebem Licht
leicht dahinzueilen –

Eine wilde Rose wo
im Vorübergehn zu küssen,
und dem stillen Walde so
sich gestehn zu müssen –

Wieder dann aus Luft und Licht
seidne Verse fangend,
nur sein heitres Gleichgewicht
auszuruhn verlangend –!

RAINER MARIA RILKE

Spaziergang

Schon ist mein Blick am Hügel, dem besonnten,
dem Wege, den ich kaum begann, voran.
So fasst uns das, was wir nicht fassen konnten,
voller Erscheinung, aus der Ferne an –

und wandelt uns, auch wenn wir's nicht erreichen,
in jenes, das wir, kaum es ahnend, sind;
ein Zeichen weht, erwidernd unserm Zeichen ...
Wir aber spüren nur den Gegenwind.

GEORG TRAKL

Der Spaziergang

1

Musik summt im Gehölz am Nachmittag.
Im Korn sich ernste Vogelscheuchen drehn.
Hollunderbüsche sacht am Weg verwehn;
Ein Haus zerflimmert wunderlich und vag.

In Goldnem schwebt ein Duft von Thymian,
Auf einem Stein steht eine heitere Zahl.
Auf einer Wiese spielen Kinder Ball,
Dann hebt ein Baum vor dir zu kreisen an.

Du träumst: Die Schwester kämmt ihr blondes Haar,
Auch schreibt ein ferner Freund dir einen Brief.
Ein Schober flieht durchs Grau vergilbt und schief
Und manchmal schwebst du leicht und wunderbar.

Der Spaziergang III

Der rote Mond versank. Der Hügelwald
Verschwimmt im Dunkel, in die Nacht verloren.
Er wimmert in des Grases taube Ohren,
Die Hände in die heiße Stirn gekrallt.

In seiner Brust der breiten Leere Bohren.
Die breite, hohle Qual. Die Tränen lallt
Er in die Halme. Und sie glitzern kalt,
Wie Mehltau, den die Erde ausgeschworen.

Er kauert in dem Graben wie ein Hund.
Wie riesge Wirbel voller Staub und Sand,
So steigt sein Heulen aus zerrissnem Mund.

Die Büsche dämmern schon am Wiesenrand.
Die Sterne wandern noch am Himmelsrund,
Sie, ewig ungerührt und ungewandt.

Ufer

An den See ging ich,
Wie ein Ruf hoch steht ein Stern,
Der Abend ist nah gekommen,
Nun wandere ich mit diesem Stern,
Von dem ich nicht lassen kann.

Diese Nacht werde ich unter Wolken liegen,
So hab ich ihn auf Stirn und Mund
Und dazu langsam den Kopf zu biegen.

KLABUND

Spaziergang

Über uns will es sich in den Zweigen regen,
Und ein hübscher Vogel macht sich plüsternd breit.
Wird er jetzt wohl Eier legen
Oder was ist seine Tätigkeit?

Plötzlich hat's auf der erhobenen Stirne
Irgendwie und irgendwo gekleckst,
Und von einem Stoff, der – hm – in keines Menschen Hirne,
Sondern (vorher) auf den Feldern wächst.

War das eines Geistes mahnend ernste Stimme?
Oder war's ein leises Scherzo nur?
Zwiegeteilt in bodenlosem Grimme
Flieht man die ungastliche Natur.

Und man fragt sich, während man so wandelt:
Ist denn das gerecht,
Dass die Kreatur derartig unanständig handelt,
Wenn verehren man und preisen möcht'?

MASCHA KALÉKO

Osterspaziergang

Ganz unter uns: Noch ist es nicht so weit.
Noch blüht kein Flieder hinterm Heckenzaune.
Doch immerhin: Ich hab ein neues Kleid,
Bürofrei und ein bißchen Frühlingslaune.

Was hilft uns schon das ganze Trübsalblasen –
Da weiß ich mir ein bessres Instrument.
Ich pfeife drauf … Mich freut selbst kahler Rasen.
Und auf das Frohsein gibt es kein Patent.

Mich fährt die Stadtbahn auch ins freie Feld,
Mir weht der Märzwind gleich den Weitgereisten.
Ich hab mein' Sach' diesmal auf nichts gestellt.
– Das kann man sich noch leisten.

Blau ist der Himmel wie im Bilderbuch.
Die Vögel zwitschern wie in Frühlingsträumen.
Herb mischt die Waldluft sich mit Erdgeruch
Und frühem Duft von knospig reifen Bäumen.

Die Sonne blickt schon ziemlich intressiert.
Und wärmt beinah. – Doch, während ich sie lobe,
Verschwindet sie, von Wolken wegradiert.
Es scheint, sie scheint nur Probe.

Ganz unter uns: Noch kam der Lenz nicht an,
Obgleich schon Dichter Frühlingslieder schrieben.
– Erst wenn man frei auf Bänken sitzen kann,
Dann wird es Zeit, sich ernstlich zu verlieben …

ARNO SCHMIDT

Brand's Haide

Bauernwege über Hügel : der Sand war mattgelb aber fest,
und die zwei tiefen Geleise störten noch nicht; auch war ich
bald oben und sah, wie die schweren Waldwellen nach allen Seiten hin sanken, sanft wölbten : war nur Glanz und
Grün in vielen Stärken, rips und mild. Auch trieb die Sonne ein dunkles Spiel mit mir; als ich bergan kam, stand sie
kalt und abendgleich fast hinter fernen blaugegossenen
Wolken : nun wieder erschien sie oder eine andere vormit-
tagshoch hinter mir, und heiß dazu; da ging ich leicht weiter (einen schwellfeinen Schmerz im Ohr), eine Senke hin-

ein, hinan. Und die Wagenspur verbog sich in rechte Be-
langlosigkeit : allein gelaufen ist immer besser, als mit
Vielen gefahren; auch war der klare dünnvergraste Weg so
schöner; die Kiefern bogen oben rote gesunde Ringerarme,
grünbehaarte; ich wehte langsam im gold-gestreiften
Schweigen, das schöner ist, als viele Vernunft. Als der Weg
völlig verrieselt war, bannte ich mich in die Lichtung : oben
blaues Geglüh mit goldenem Unerträglich; so heiß wartete
die Luft um mich, daß ich gedankenlos sanft anschwebte,
durch neue Büsche, um braunhäutige Baumschönen : rauh
und keusch und heiß flossen die Feingliedrigen herum,
nach hinten, rückwärts. Lange war ich so, lichter Schatten,
verwaldet, da wuchs ein freier raumer Hügel, dessen Rand
ich leicht emporstieg : und auf der weiten Terrasse eines alten Schlosses stand. Hier und da sah ich Steinfiguren, put-
tenklein und derb, auf den schweren Balustraden; die Plat-
ten des Hofes waren mit feinen Mooslinien zusammenge-
fügt, Sommeröde und alternde Stille; ich schritt hinüber
zum sehr hohen gewölbten, umwappten Tor, sah die
mächtigen vielfenstrigen Fronten entlang (und ein scharfer
Halsschmerz trennte Kopf und Rumpf); dann ging ich
leichtfüßig hinein ....

Rom, Blicke

Ich habe den Mantel angezogen und gehe den Weg hoch in Richtung des Arbeitsverschlags des Weinbauern, an der Ecke, wo die einzige Beleuchtung des Weges hängt, sind die Mauern eines Wohnhauses feucht und schwer. Aus einer Öffnung in der groben Steinmauer hängt der schlaffe nasse Ärmel einer Jacke heraus, wüst und grob, aufgeweicht.

Durch die kleinen erloschenen Wäldchen und Weinstücke an den Südhängen kriecht es kalt und grauhell dampfend herum, durch winterliches Grün und Braun, über schwarze ausgedehnte Teilstücke, zieht über die unebenen Terrassen, erlischt und kommt neu auf, sickert durch Baumkronen, staut sich um Gebüsche und Steinbrocken und ist aufgelöst.

Es ist eine feuchte zerwehte Bewegung ringsum. / Das Moos tritt scharf bläulich und grün hervor, ebenso die schmalen Grasstreifen am Wegrand. Fern sind schwarze Flächen, an einen Abhang gelegt.

Neben dem Weinverschlag biege ich in einen schmalen glitschigen Fußpfad ein, der schräg und steil eine Senke hinunter führt. Ein dichtes Getröpfel in der Stille und vor mir, auf dem zerbröckelten Stein eine breitgetretene Ajax-Reinigungsmitteldose blau und silbrig. Dann Blätter, aufgeweicht, und lose Steine, die gelblichfahl und stumpf glänzen. Das Tröpfeln läßt nach. Große wulstige Grasbuckel mit langen umgebogenen Grasstielen wie welke Beatle-Haarwülste, Buckel Gras. / Eine Arbeitshose hängt naß

vollgesogen und schwerfällig in der Astgabel eines Baumes
vor einer Steinhütte, an der ich vorsichtig auf dem schmalen Pfad vorbeikomme, der Boden ist teigig-lehmig und
aufgeweicht mit Steinen. Die Luft ist jetzt klar und scharf,
von einer glänzenden Durchsichtigkeit und Tiefe. (Tappe
zwischen Abhängen und Terrassenstreifen herum, Oliven-
bäume und Weinrebenanlagen wechseln sich ab oder sind
zum Teil durcheinandergemischt.) Tastend auftreten, und
dann in ruckhafter Schnelligkeit ein paar Sprünge runter,
was wie ein völlig neuer Tanz aussehen muß, halb jonglie-
rend und halb hüpfend, während es matschig saugend unter den Schuhen quatscht, fettignaß. / Ein dünnes, feines,
tiefeingeschnittenes Rinnsal zieht durch das Olivenbaum-
gewirre und Weingeranke von der Höhe nach unten und
hat die Wurzeln eines Baumes an das Licht gespült. / Ein-
zelne hohe gelbliche schilfige Stauden stehen an einer Stelle
zusammen (sie werden benötigt, die kriechenden Weinre-
ben zu bündeln: ein starres, faseriges Geschlängel, zäh und
rankig, mit knorpeligen trockenen harten Knoten: Weinre-
ben) Lautlos zucken einige Vögel umher. / Schließlich
fängt das Regentröpfeln erneut an, in vielen einzelnen
Tropfen. Keiner da ringsum. An den Abhang gebaut wieder
ein grauverblichenes Steingebäude. In den oberen Raum
des Steinstalles führt von außen eine steile wuchtige Trep-
pe aus groben Holzstämmen und stumpfen Ästen als
Sprossen. (Ein Tagtraum: sowas müßte man besitzen, weit
abgelegen, dicke Mauern, ringsum niemand, ist oft besser
als das, was da ist.) / Davor eine dürre Laube, mit Holzbrett
als Tisch, und Holzbrett als Sitz, und in einem Drahtstän-
der stehen Teller und Porzellanschüsseln. An dem Pfahl
hängt eine schwarzfleckige Pfanne und ein Kochtopf. Da-

neben eine erloschene verkohlte Feuerstelle, schwarz und weiß, mit angekohlten Holzstücken. (Da kochen die Arbeiter sich mittags im Freien ihre Nudeln?) Ein Holzblock, ein großes auf die Seite gekipptes Weinfaß, das voll Holzscheite steckt. / Einige Geranien in rostenden Blechdosen an der sonnenverblichenen Steinmauer. / Ich bin umgekehrt, ging den Weg zurück.

Stark, intensiv grün hob sich das Gras zwischen den blasseren Olivenbäumen hervor. Zur Seite gerückt, über dem schrägen Abhang eine bläuliche Luft. (Und weiter den gleichen schmalen Pfad hochgehen bis zum Weinfässerverschlag.) Aus den Seitentälern, kleineren Einschnitten, treibt weiter der nebelige schleirige Dunst hoch. Schön. Das weiße Dunstige tastet durch Baumkronen, dringt in Gebüsche ein, läßt sie naß zurück. Die Gebüsche sind erstarrt. Das fetzige dampfende Weiß drückt sich weiter hindurch, ein lautloses Tasten.

Die kahlen, leeren Bäume rauchen kalten weißen Dunst aus.

Auch schwiemelnd, etwas weißlich Fauchendes, das man doch nicht hört, tritt durch die Leere in der Luft, schleichendes feucht-kaltes Weiß und Grau, in trägem Nachschleppen. / Gelbe Pfützen auf dem Weg, die Steinbrocken sind zusammengepreßter Sand, bröckeln in Schichten ab, ich kann sie aus dem geschichteten brockigen Massiv, das an der Seite des Weges hervortritt, mit der Hand abbrechen. Der fahle gepreßte Sand zerbröckelt. / Ich gehe noch ein Stück Weg zur anderen Seite die Hügelkette hoch, wie schon vor einigen Tagen, als ich mir nachmittags das Licht ansah. (Und nachts, vor zwei Tagen, habe ich hier aus diesem Teil wimmernde laute Katzenschreie gehört, aufgehäuftes Katzenge-

schrei, wimmernd wie das Schreien kleiner neugeborener
Kinder, das aus dem undurchdringlichen Wulstigen Dunkel
kam, dazu verteilt das Bellen der Hunde).

Ein Blick zurück: im Ort die ranzige Armut, stückweise,
verteilt.

Schwach gezeichnete Wolkenkonturen schwimmen lose
über mir. Aus meinen Haaren rinnen nach und nach einige
Wassertropfen. Der braune Ledermantel ist mit Nässe-
punkten besetzt. Und ich schlendere zurück. / Bin ich vor
Schrecken ausgetrocknet in den vergangenen Jahren?

JUDITH HERMANN

Diesseits der Oder

Als Koberling das Gartentor hinter sich schließt, hat er das
Gefühl, auf unsicheres Gebiet zu kommen. Das Haus, der
Garten, die Veranda und vor allem der Napoleonhügel schüt-
zen ihn nicht mehr. Mit dem Rücken zur Wand. Anna steht
auf der Landstraße, tritt von einem Fuß auf den anderen und
sieht fast wieder so aus wie früher, wie das Kind von damals,
über die Flußbrücke in den Wald hinein und fort.

Koberling marschiert entschlossenen Schrittes los, Anna
eilt neben ihm her, Staub wirbelt zwischen ihren Füßen auf.
Die Landstraße wird schmaler. Am Fuß der Hügel ist sie ein
kleiner Weg, der sich bergan windet, ins Grün hinauf, zwischen Obstbäumen hindurch. Koberling hat die Hände in
den Hosentaschen und starrt geradeaus. Er fühlt sich im Rücken verspannt und beißt schon wieder die Zähne zusam-

men. Abgesehen von Anna. Auch abgesehen von Anna hat er die Spaziergänge in das Oderbruch nie gemocht. Constanze schon. Constanze läuft, seit es Lunow für sie gibt, jeden Nachmittag mit Glücksgesicht los und kehrt zurück mit gesteigertem Glücksgesicht. »Die Hügel, Koberling. Manchmal denke ich, es sind die Hügel. Ich finde die beruhigend.«

Koberling findet die Hügel beunruhigend. Ihm ist das alles zu schön, zu verwunschen, Tarkowskilandschaft, geradezu unheimlich. Im letzten Sommer ist er einmal allein in das Oderbruch gegangen. An einem Baum auf einem der hinteren Hügel – er konnte die Oder schon sehen – hing ein Stück Fleisch. Ein großes Stück Fleisch, fast mannsgroß, Rind oder Schwein, gehäutet, blutig, faulig, von Fliegen umschwirrt. Koberling, der den Hügel emporkeuchte, bereit, die Oder zu sehen, zu empfinden, verharrte und fühlte sein Herz stolpern. Das Fleisch hing an einem der oberen Äste, der Strick, an dem es befestigt war, knarzte und drehte sich. Es sah aus wie eine Vision, wie ein Albtraumbild, eine ungeheure und nicht zu verstehende Mitteilung, und Koberling drehte sich um, rannte den Hügel hinunter und schrie. Constanze später, auf der Veranda im Korbstuhl sitzend und nach Veilchen duftend, lachte und sagte: »Du spinnst, Koberling. Das hast du geträumt.«

Als sie einen Tag später zusammen in das Oderbruch gingen, war das Stück Fleisch verschwunden. Nichts mehr. Kein Strick, keine Fliegen, keine Mitteilung. Sie hatten nicht mehr darüber gesprochen.

Anna kickt Steinchen, hat ihr Lächeln wieder aufgesetzt und pfeift durch die Zahnlücke hindurch. »Du möchtest nicht reden, oder?«

»Nein«, sagt Koberling, »ich möchte nicht reden«, setzt

in Gedanken: worüber denn auch hinzu und schaut angestrengt zwischen den Obstbäumen hindurch. Die Vision
bleibt aus. Nichts, was er sehen würde und Anna nicht.

»Das ist schon in Ordnung«, sagt Anna. »Ich möchte
auch nicht reden. Oft nicht.« Koberling sieht sie mit ironi-
schem Erstaunen an, aber sie ignoriert ihn.

Am Wegrand steht das letzte hohe Korn. Die Bäume haben gelbe Ränder, und am Himmel formiert sich ein Vogel-
schwarm zum Dreieck. Weit hinten leuchtet die Oder, ein
blaues Band von grünen Flußinseln durchbrochen. Die Luft
über den Wiesen flimmert, Anna schnauft und dreht sich
die Haare zu einem Knoten im Nacken zusammen.

JOACHIM RINGELNATZ

Bist du schon auf der Sonne gewesen?

Bist du schon auf der Sonne gewesen?
Nein? – Dann brich dir aus einem Besen
Ein kleines Stück Spazierstock heraus
Und schleiche dich heimlich aus dem Haus
Und wandere langsam in aller Ruh
Immer direkt auf die Sonne zu.
So lange, bis es ganz dunkel geworden.
Dann öffne leise dein Taschenmesser,
Damit dich keine Mörder ermorden.
Und wenn du die Sonne nicht mehr erreichst,
Dann ist es fürs erste Mal schon besser,
Dass du dich wieder nach Hause schleichst.

Nachwort

»Ich darf in diesen ›ernsten Zeiten‹ das Spazierengehn [...] getrost empfehlen. Es ist wohl das billigste Vergnügen, ist wirklich kein spezifisch bürgerlich-kapitalistischer Genuss. Es ist ein Schatz der Armen und heutzutage fast ihr Vorrecht.« – Franz Hessel, der Berliner Schriftsteller-Flaneur, verfasste dieses Plädoyer für den Spaziergang Anfang der 1930er Jahre, in einer Zeit, in der der ›Ernst des Lebens‹ – politisch, sozial, ökonomisch – gewaltig um sich griff und die Frage nach einem ›Genuss des Lebens‹, denkt man an die ›wilden Jahre‹ der Weimarer Republik, sich in einer Vergnügungskultur verlor, die vielen Existenzsuchenden oft allerdings nur eine kurzzeitige sinnliche Abwechslung und eine oberflächliche Ablenkung bot. Hessel entwickelte wie sein Schriftsteller-Freund Walter Benjamin aus dem Spazieren in der Großstadt, in Form eines urbanen Flanierens, ein ästhetisches Programm, ein poetologisches Konzept, das im Spaziergang eine zentrale Inspirationsquelle der literarischen Arbeit findet. Die Wahrnehmungen der vielfältigen, heterogenen Details der Großstadtwirklichkeit gestalten sich in der protokollierenden Schrift zum authentischen und zugleich poetisch verwandelten Text einer produktiven Rezeption der modernen Realität. Voraussetzung für das Ab-Schreiben der großstädtischen Wirklichkeit ist allerdings die Fähigkeit, diese zu *lesen*. »Der richtige Spaziergänger« sei – so Hessel – »wie ein Leser, der ein Buch wirklich nur zu seinem Zeitvertreib und Vergnügen liest«; die »Straße« werde für ihn dann zu einer »Art Lektüre«, die wahrgenommene Wirklichkeit öffne sich für den Spaziergänger wie ein endloses und immer wieder neu zu lesendes Buch.

Hessels Essay *Von der schwierigen Kunst spazieren zu gehen* war ein Höhepunkt für die tiefere Auseinandersetzung mit einer »altertümliche[n] Form der Fortbewegung auf zwei Beinen«, die im modernen Zeitalter des technischen Fortschritts, einer von *Beschleunigung* beherrschten Gesellschaft tatsächlich ›antiquiert‹ erschien. Das Spazierengehen wurde nun aber als eine vitale, schöpferische, poetische Kraftquelle, die Körper und Geist vereint, genussvoll neu entdeckt.

Als ›Schule des Genusses‹ und als Quelle poetischer Inspiration ist der Spaziergang freilich schon vor Hessel und Benjamin von Schriftstellerinnen und Schriftstellern, Dichterinnen und Dichtern verstanden worden. Die in der vorliegenden Anthologie gesammelten Gedichte und Prosatexte geben Zeugnis von der anregenden Kraft und der inspirierenden Wirkung des Spazierengehens, das keiner Hilfsmittel, keines materiellen Besitzes bedarf und ein elementares Erlebnis des *Menschseins* und der *Weltbegegnung* verschafft. Die ausgewählten Texte dokumentieren, wie Gedanken, Reflexionen, Beobachtungen, Empfindungen, Erinnerungen gewissermaßen frei ›spazieren gehen‹ und im ziellosen und zweckfreien Gehen produziert werden. Gehen und sinnliches Wahrnehmen, Nachdenken, Phantasieren – Schreiben fallen hier ineinander. Die Beobachtungen, Gedanken und Gefühle, die in die Schrift transformiert werden, geraten im Spaziergang, in ›Gedankengängen‹ in Bewegung, in Rhythmus und Schwung, und werden immer wieder auch zu Tagträumen verwandelt. Die literarischen Spaziergängerinnen und Spaziergänger, die uns in den Texten begegnen, finden auf ihren Wegen durch die Stadt oder die Natur, allein oder in Begleitung einer gelieb-

ten Person, zu sich selbst oder zur gemeinsamen Liebe, aber
auch umfassender zur Welt, mit der sie sich in bewegter,
verinnerlichter Betrachtung verbunden fühlen oder die sie
aus der beobachtenden Distanz erkennend reflektieren.

Friedrich Schillers monumentale *Spaziergang*-Dichtung
ist ein besonderes, bedeutendes Beispiel für ein künstleri-
sches ›Hinausschreiten‹ und Abschweifen, für eine opulen-
te, Naturbeschreibung und anthropologisch-historische
Reflexionen miteinander verknüpfende poetische Entgren-
zung durch die »altertümliche Fortbewegung« des Spazierengehens. Eng verbunden sind die in dieser Anthologie
vorgestellten literarischen Spaziergänge oftmals mit einer
tiefen Lebenssehnsucht, einer Entdeckerlust und einer
(kindlichen) ›Weltneugier‹, aber auch mit Versuchen, sich
in ›freier Luft‹ von bedrückenden, schmerzvollen Erlebnis-
sen, von lähmenden Ängsten zu lösen und neue Lebens-
kraft, hoffnungsvolle Zukunftsperspektiven zu erlangen.

Bereits in der griechischen und römischen Antike initi-
ierte das gemächliche Gehen in dafür vorgesehenen Wan-
delhallen ein kontemplatives Nachdenken und tiefsinnige,
philosophische Gespräche. Als ›Peripatetiker‹ (›Spaziergänger‹) erkannten Schüler des Aristoteles schon früh das
produktive Zusammenspiel von Gehen und Denken. Das
belebende, innerlich und äußerlich bewegende langsame
Gehen entwickelte sich später für die aristokratische Gesellschaft zu einem Lustwandeln in Gärten und Parks. Seit
dem 18. Jahrhundert entdeckte das sich emanzipierende
Bürgertum den Spaziergang als ein erbauliches Vergnügen
und einen gesellschaftlichen Zeitvertreib. Karl Gottlob
Schelle rühmte denn auch 1802 in einer populärphiloso-
phischen Schrift die *Kunst spatzierenzugehen*, durch die

der Spaziergänger, als ein »Lustwandler«, in »unmittelbare Gemeinschaft mit Natur und Menschheit« trete und die »zartesten Saiten seines Wesens berührt« fühle.[1] Promenaden, Alleen, öffentliche Gärten und Parks, Wege durch Feld, Wald und Wiesen, Meeresstrände, Kurstätten, großstädtische Geschäftsstraßen, Einkaufspassagen, ›Flaniermeilen‹, die zum ›Schaufensterbummeln‹ einladen, sowie ausgewiesene ›Bürgersteige‹ sind heute zu allgemein beliebten Orten des Spazierengehens geworden. Inzwischen hat sich gar eine ›Spaziergangswissenschaft‹, die *Promenadologie*, etabliert, die die Umweltwahrnehmung zu erweitern und zu intensivieren versucht.[2]

Das oft nicht zielgerichtete, lockere und häufig nur kurzzeitige, spontane Spazierengehen ist vom *Wandern* zu unterscheiden, das zumeist zielorientiert eine größere Distanz zu gehen beabsichtigt und einer erhöhten körperlichen Anstrengung bedarf. So publizierte Johann Gottfried Seume mit seinem populären Buch *Spaziergang nach Syrakus im Jahre 1802* tatsächlich keine Beschreibung eines eigentlichen Spaziergangs, sondern vielmehr einen Reisebericht über eine mehrmonatige, mit abenteuerlichen Gefahren verbundene Wanderung. Der Spaziergänger dagegen bricht nicht, wie der romantische Wanderer, in die weite Ferne auf, geleitet von der Sehnsucht nach einer ›blauen Blume‹ oder von einem unbestimmten Glücksversprechen, sondern er tritt Rundgänge an, die ihn stets zu seinem Ausgangspunkt zurückführen und ihn das Vertraute

1 Vgl. Karl Gottlob Schelle, *Die Spatziergänge oder die Kunst spatzieren zu gehen*, Leipzig 1802, S. 45; Reprint Hildesheim 1990.

2 Begründet wurde die Promenadologie in den 1980er Jahren von dem Soziologen Lucius Burckhardt an der Universität Kassel.

des nahen Lebensortes genauer und dadurch anders er-
schauen oder neue Gegenden entdecken lassen.

Wie schon Franz Hessel wusste, macht sich der Spaziergänger als traumverlorener Müßiggänger oder als detek-
tivischer Beobachter und ›Alltagsforscher‹ in einer betrieb-
samen, von Arbeit, Pflicht und Zeitmangel bestimmten
Gesellschaft ›verdächtig‹.[3] Dieses Bild des die Zeit Verbum-
melnden und den Tag Durchschlendernden ist heute abge-
löst worden vom Spaziergänger als Paradigma einer unter-
haltsamen und gesundheitsfördernden Freizeitgestaltung.
In diesem Verständnis entschleunigt der Spaziergang das
oft stressverursachende rastlose Alltagsleben und verwandelt den ›Fortschritt‹ in ein verlangsamtes, immer wieder
innehaltendes Voranschreiten. Dieses bietet dem Spaziergänger die Möglichkeit, in aller Ruhe und mit selbstbe-
stimmtem Tempo sich auf sich selbst zu besinnen, sich
selbst körperlich (in der Bewegung) und geistig, seelisch (in
Gedanken und im Empfinden) zu erfahren, gleichzeitig die
Welt, die spazierend wahrgenommene Wirklichkeit ›im
Freien‹ neu zu erkunden und zu erleben. Wie medizinische
Untersuchungen belegt haben, beugt das Spazierengehen
nicht nur physischen und psychischen Erkrankungen vor,
jüngere neurowissenschaftliche Studien haben aufgezeigt,
dass Spaziergänge das Gehirn geradezu *trainieren* und die
kognitiven Leistungen und kreativen Fähigkeiten fördern.[4]

---

3 Vgl. Franz Hessel, »Der Verdächtige«, das Einleitungskapitel seines 1929 erschienenen Buches *Spazieren in Berlin*; in: F. H., *Sämtliche Werke*, Bd. 3: *Städte und Porträts*, hrsg. von Bernhard Echte,
Hamburg ²2013, S. 9–12.
4 Vgl. die 2021 erschienene Studie des Max-Planck-Instituts für
Bildungsforschung und des Universitätsklinikums Hamburg-

Der Spaziergang kann einerseits durch eine absichtslose und urteilsfreie Realitätsbetrachtung zu einem von Hessel proklamierten ›Sich-nicht-Einlassen‹ führen, ebenso zu einer Selbstvergessenheit, die sich allem öffnet; andererseits kann er eine intensivere Nähe zu dem Erschauten schaffen und den Blick schärfen für die konkreten Dinge des Alltags, für das scheinbar Belanglose, Banale, dessen ›Größe im Kleinen‹ offenbar wird. Der Spaziergang bietet demnach sowohl eine befreiende, allumfassende *Selbstabkehr* als auch eine glückserfüllte *Selbstfindung*. Mit der konfuzianischen Maxime ›Der Weg ist das Ziel‹ lässt sich so der Wunsch Robert Walsers erfüllen, sich im verpflichtungslosen Spazierengehen zu »belebe[n] und die Verbindung mit der Welt aufrecht[zu]erhalte[n]«. Die langsame Fortbewegung des Spazierengehens, die sich dem Diktat der Beschleunigung entzieht, gibt Zeit für eine beschauliche, tiefere, innere und äußere Betrachtung, für ein besinnliches Nachdenken und für ein genussvolles Erlebnis mit allen Sinnen.

Die heutige Lektüre der literarischen Spaziergänge vom 18. Jahrhundert bis zur Gegenwart, von Goethe, Schiller, Hölderlin und Eichendorff über Kafka, Walser, Kästner und Kaléko bis zu Thomas Bernhard, Rolf Dieter Brinkmann, Peter Stamm und Judith Hermann, liefert der Leserin und dem Leser Beweise einer notwendigen ›Gegen-Bewegung‹ zum »Beschleunigungsregime der Moderne«.[5]

Eppendorf: Simone Kühn / Anna Mascherek / Elisa Filevich / Nina Lisofsky [u. a.], »Spend Time Outdoors for Your Brain: An In-Depth Longitudinal MRI Study«, in: *The World Journal of Biological Psychiatry* (Online-Publikation), Juli 2021.

5 Hartmut Rosa, *Beschleunigung und Entfremdung. Entwurf einer Kritischen Theorie spätmoderner Zeitlichkeit*, Berlin ⁷2019, S. 60.

In einer krisenbelasteten Zeit, die zunehmend von Langeweile, von Erfahrungen einer Lebensleere und der Frage
nach einer sinnerfüllten Existenz geprägt wird und in der
die Corona-Pandemie zu erheblichen Freiheitsbeschrän-
kungen geführt hat, stellt sich der Spaziergang als ein ›ein-
faches‹ und kostenfreies Mittel dar, Glücksmomente, Frei-
heitsaugenblicke zu erleben. Er zeigt sich als eine effektive
Alternative zu den materiellen und medialen *Über*angeboten, die der heutigen ›Erlebnisgesellschaft‹ eine Befriedi-
gung versprechen, deren Wirkung allerdings oft nur von
kurzer Dauer ist.

Die vorliegende Anthologie lädt zu (geistigen, imaginä-
ren) Spaziergängen ein, die zu einem eigenen poetischen
Spazierengehen motivieren mögen: zum Lesen, Gehen,
Umherschauen, Innehalten, Betrachten, Nachsinnen, Weitergehen ...

Hartmut Vollmer

Verzeichnis der Autorinnen und Autoren, Texte und Druckvorlagen

Alle mit einem * gekennzeichneten Texte wurden behutsam modernisiert.

ILSE AICHINGER (1921–2016)
29 Spaziergang
I. A.: Werke. Hrsg. von Richard Reichensperger. Bd. 8: Verschenkter Rat. Gedichte. Frankfurt a. M.: Fischer Taschenbuch Verlag, 1991. S. 33. – © 1978 S. Fischer Verlag GmbH, Frankfurt a. M.

PETER ALTENBERG (1859–1919)
53 Sommer in der Stadt*
P. A.: Sonnenuntergang im Prater. Fünfundfünfzig Prosastücke. Ausw. und Nachw. von Hans Dieter Schäfer. Stuttgart: Reclam, 1979. S. 53 f.

ROSE AUSLÄNDER (1901–1988)
41 Allee
R. A.: Gesammelte Werke in sieben Bänden. Bd. 5: Ich höre das Herz des Oleanders. Gedichte 1977–1979. Hrsg. von Helmut Braun. Frankfurt a. M.: S. Fischer, 1984. S. 103. – © 1984 S. Fischer Verlag GmbH, Frankfurt a. M.

WALTER BENJAMIN (1892–1940)
47 Der Flaneur *
W. B.: Charles Baudelaire. Ein Lyriker im Zeitalter des Hochkapitalismus. Hrsg. und mit einem Nachw. von Rolf Tiedemann. Frankfurt a. M.: Suhrkamp, ⁵1990. S. 34 f.

132 THOMAS BERNHARD (1931–1989)

42 Gehen

T. B.: Gehen. Werke in 22 Bänden. Bd. 12: Erzählungen II. Frankfurt a. M.: Suhrkamp, ⁴1980. S. 84–86. – © 1971, 2006 Suhrkamp Verlag Frankfurt a. M. Alle Rechte bei und vorbehalten durch Suhrkamp Verlag Berlin.

OTTO JULIUS BIERBAUM (1865–1910)

76 Nachtgang*

O. J. B.: Irrgarten der Liebe. Verliebte/launenhafte und moralische Lieder/Gedichte und Sprüche aus den Jahren 1885 bis 1900. Berlin/Leipzig: Insel / Schuster & Loeffler, 1901. S. 107 f.

ERNST BLASS (1890–1939)

56 Spaziergang

E. B.: Die Straßen komme ich entlang geweht. Sämtliche Gedichte. Hrsg. und mit einem Nachw. von Thomas B. Schumann. München/Wien: Hanser, 1980. S. 17.

ROLF DIETER BRINKMANN (1940–1975)

114 Rom, Blicke

R. D. B.: Rom, Blicke. Reinbek bei Hamburg: Rowohlt, 1979. S. 421 f. – © 1979 Rowohlt Verlag GmbH, Hamburg.

MAX DAUTHENDEY (1867–1918)

75 Wir gehen am Meer im tiefen Sand

M. D.: Gesammelte Werke in sechs Bänden. Bd. 4: Lyrik und kleinere Versdichtungen. München: Albert Langen, 1925. S. 181.

RICHARD DEHMEL (1863–1920)

38 Klarer Tag

R. D.: Gedichte. Hrsg. von Jürgen Viering. Stuttgart: Reclam, 1990. S. 80.

HILDE DOMIN (1909–2006)

41 Mit meinem Schatten
H. D.: Gesammelte Gedichte. Frankfurt a. M.: Fischer, ⁷1999.
S. 144. – © 1987, 1999 S. Fischer Verlag GmbH, Frankfurt a. M.

JOSEPH VON EICHENDORFF (1788–1857)

100 Morgenlied*
J. von E.: Werke. Bd. IV: Nachlese der Gedichte. Erzählerische
und dramatische Fragmente. Tagebücher 1798–1815. München:
Winkler, 1980. S. 35 f.

THEODOR FONTANE (1819–1898)

50 Tu ich einen Spaziergang machen*
T. F.: Gedichte. Hrsg. von Karl Richter. Stuttgart: Reclam, 1998.
S. 115. (Universal-Bibliothek. 6956.)

JOHANN WOLFGANG GOETHE (1749–1832)

48 (1) Osterspaziergang*
96 (2) Die Leiden des jungen Werther*
J. W. G.: Faust. Der Tragödie Erster Teil. Stuttgart: Reclam,
2000. S. 27 f. (1) (Universal-Bibliothek. 1.)
J. W. G.: Die Leiden des jungen Werther. Mit einem Nachw. von
Ernst Beutler. Stuttgart: Reclam, 2020. S. 31–33. (2) (Universal-
Bibliothek. 67.)

HENRIETTE HARDENBERG (1894–1993)

110 Ufer
H. H.: Dichtungen. Hrsg. von Hartmut Vollmer. Zürich: Arche,
1988. S. 13. – © Mit Genehmigung von Hartmut Vollmer.

FRIEDRICH HEBBEL (1813–1863)

36 Spaziergang am Herbstabend*
F. H.: Gedichte. Eine Auswahl. Mit einem Nachw. von U. Henry
Gerlach. Stuttgart: Reclam, 1977. S. 37 f.

JEAN PAUL (d. i. Johann Paul Friedrich Richter, 1763–1825)

22 Die unsichtbare Loge*
J. P.: Sämtliche Werke. Abt. I. Bd. 1. Hrsg. von Norbert Miller.
Nachw. von Walter Höllerer. Frankfurt a. M.: Zweitausendeins,
1996. S. 404 f.

ERICH KÄSTNER (1899–1974)

56 Vorstadtstraßen
E. K.: Doktor Erich Kästners Lyrische Hausapotheke. Zürich:
Atrium Verlag, 1936. S. 158 f. – © 1936 Atrium Verlag, Zürich,
und Thomas Kästner.

FRANZ KAFKA (1883–1924)

38 Der plötzliche Spaziergang*
F. K.: Die Verwandlung und andere Erzählungen. Nachw. von
Michael Müller. Stuttgart: Reclam, 2020. S. 13.

MASCHA KALÉKO (1907–1975)

111 Osterspaziergang
M. K.: Das lyrische Stenogrammheft. Kleines Lesebuch für
Große. Reinbek bei Hamburg: Rowohlt, [26]2002. S. 35. –
© Mit freundlicher Genehmigung von dtv Verlagsgesellschaft
bmH & Co. KG.

GOTTFRIED KELLER (1819–1890)

71 Der grüne Heinrich*
G. K.: Der grüne Heinrich. Nach der ersten Fassung von 1854/55
hrsg. von Jörg Drews. Stuttgart: Reclam, 2003. S. 278–280.
(Universal-Bibliothek. 18282.)

KLABUND (d. i. Alfred Henschke, 1890–1928)

110 Spaziergang*
K.: Die Harfenjule. Berlin: Die Schmiede, 1927. S. 18.

136 GERTRUD KOLMAR (1894–1943)

82 Spaziergang*

G. K.: Weibliches Bildnis. Sämtliche Gedichte. München: Deutscher Taschenbuch Verlag, 1987. S. 236 f.

SIEGFRIED KRACAUER (1889–1966)

62 Erinnerung an eine Pariser Straße

S. K.: Straßen in Berlin und anderswo. Erweiterte Ausgabe. Mit einem Nachwort von Reimar Klein. Frankfurt a. M.: Suhrkamp, 2009. S. 9 f. – © 2009 Suhrkamp Verlag, Frankfurt a. M. Alle Rechte bei und vorbehalten durch Suhrkamp Verlag Berlin.

ISOLDE KURZ (1853–1944)

77 Spaziergang*

I. K.: Gedichte. Leipzig: Göschen'sche Verlagshandlung, ³1898. S. 30 f.

HEDWIG LACHMANN (1865–1918)

79 Spaziergang*

H. L.: Gesammelte Gedichte. Potsdam: Kiepenheuer, 1919. S. 35.

NIKOLAUS LENAU (1802–1850)

101 Liebesfrühling*

N. L.: Gedichte. Bd. 2. Stuttgart/Tübingen: J. G. Cotta'scher Verlag, ⁷1846. S. 122.

JAKOB MICHAEL REINHOLD LENZ (1751–1792)

95 Die erste Frühlingspromenade*

J. M. R. L.: Werke. Hrsg. von Friedrich Voit. Stuttgart: Reclam, 1992. S. 353 f. (Universal-Bibliothek. 8755.)

ALFRED LICHTENSTEIN (1889–1914)

55 Spaziergang

A. L.: Dichtungen. Hrsg. von Klaus Kanzog und Hartmut Vollmer. Zürich: Arche, 1989. S. 102.

DETLEV VON LILIENCRON (1844–1909)

106 Mein täglicher Spaziergang*
D. von L.: Ausgewählte Gedichte. Berlin: Schuster & Loeffler, 1921. S. 64.

PAULA LUDWIG (1900–1974)

81 Abendwanderung
P. L.: Gedichte. Gesamtausgabe. Hrsg. von Kristian Wachinger und Christiane Peter. München: Verlag C. H. Beck, 2010. S. 40. – © 1986 Verlag C. H. Beck oHG München, vormals Langewiesche-Brandt.

SELMA MEERBAUM-EISINGER (1924–1942)

40 Spaziergang*
S. M.-E.: Ich gehe mit der Nacht vereint. Sämtliche Gedichte aus dem Album *Blütenlese*. Hrsg. von Markus May. Stuttgart: Reclam, 2021. S. 24.

CONRAD FERDINAND MEYER (1825–1898)

37 (1) Auf Goldgrund*
74 (2) Dämmergang*
C. F. M.: Sämtliche Gedichte. Mit einem Nachw. von Sjaak Onderdelinden. Stuttgart: Reclam, 1978. S. 47 (1), S. 136 (2). (Universal-Bibliothek. 9885.)

CHRISTIAN MORGENSTERN (1871–1914)

80 (1) Abendpromenade*
107 (2) Auf leichten Füßen
C. M.: Sämtliche Dichtungen. Abt. 1. Hrsg. von H. O. Proskauer. Basel: Zbinden Verlag, 1971. S. 146. (1)
C. M.: Ein Sommer. Verse. Sämtliche Dichtungen I. Bd. 4. Hrsg. und mit einem Nachw. von H. O. Proskauer. Basel: Zbinden Verlag, 1972. S. 27. (2)

JOSEPH ROTH (1894–1939)

58 Spaziergang*
   J. R.: Orte. Ausgewählte Texte. Hrsg. von Heinz Czechowski.
   Leipzig: Reclam, 1990. S. 28–31.

FRIEDRICH RÜCKERT (1788–1866)

102 Spaziergang im Regenwetter*
   F. R.: Gesammelte Gedichte. Bd. 6. Erlangen: Heyder, 1838.
   S. 336 f.

KARL GOTTLOB SCHELLE (1777 – um 1825)

13 Die Spaziergänge oder die Kunst spazieren zu gehen*
   K. G. S.: Die Spatziergänge oder die Kunst spatzieren zu gehen.
   Leipzig: Gottfried Martini, 1802. S. 22–26.

FRIEDRICH SCHILLER (1759–1805)

87 Der Spaziergang*
   F. S.: Gedichte. Hrsg. von Norbert Oellers. Stuttgart: Reclam,
   2019. S. 42–50. (Universal-Bibliothek. 1710.)

ARNO SCHMIDT (1914–1979)

112 Brand's Haide
   A. S.: Bargfelder Ausgabe. Werkgruppe I. Bd. I/1: Romane.
   Erzählungen. Gedichte. Juvenilia. Hrsg. von der Arno Schmidt
   Stiftung. Zürich: Haffmans, 1987. S. 173. – © Arno Schmidt
   Stiftung, Bargfeld.

PETER STAMM (*1963)

64 In den Außenbezirken
   P. S.: Blitzeis. Erzählungen. Zürich: Arche, 1999. S. 37 f. – © 1999
   Arche Verlag, Zürich. Alle Rechte vorbehalten S. Fischer Verlag
   GmbH, Frankfurt a. M.

140 ADALBERT STIFTER (1805–1868)

103 Der Nachsommer*

A. S.: Der Nachsommer. Eine Erzählung. Hrsg. von Benedikt Jeßing. Stuttgart: Reclam, 2016. S. 572–575. (Universal-Bibliothek. 18352.)

THEODOR STORM (1817–1888)

75 Die Kleine*

T. S.: Gedichte. Auswahl. Hrsg. von Gunter Grimm. Stuttgart: Reclam, 2021. S. 24. (Universal-Bibliothek. 14212.)

GEORG TRAKL (1887–1914)

108 Der Spaziergang

G. T.: Werke. Entwürfe. Briefe. Hrsg. von Hans-Georg Kemper und Frank Rainer Max. Stuttgart: Reclam, 1995. S. 28. (Universal-Bibliothek. 8251.)

LUDWIG UHLAND (1787–1862)

101 Der Sommerfaden*

L. U.: Gedichte. Stuttgart/Tübingen: J. G. Cotta'scher Verlag, 1841. S. 39.

ROBERT WALSER (1878–1956)

23 Der Spaziergang

R. W.: Das Gesamtwerk. Hrsg. von Jochen Greven. Bd. 3: Poetenleben. Seeland. Die Rose. Zürich / Frankfurt a. M.: Suhrkamp, 1978. S. 251–255. Mit freundlicher Genehmigung der Robert Walser-Stiftung, Bern. – © 1978, 1985 Suhrkamp Verlag, Zürich.

MARIA LUISE WEISSMANN (1899–1929)

28 Park im Vorfrühling*

M. L. W.: Gesammelte Dichtungen. Pasing: Heinrich F. S. Bachmair, 1932. S. 55.